# 劉君祖易經世界

身處變動的時代，易經教你掌握知機應變，隨時創新的能力。

# 從易經解心經

劉君祖

# 目錄

## 上篇　觀空度厄　遯世無悶

## 龔序

君祖這本書，以《易經》的義理來解析《心經》，生面別開，但實際上是遠有淵源的。

佛教自東漢傳入中國後，很快就開始與《易經》結合了。三國吳僧人康僧會即已用《易經》「積善之家必有餘慶」來解釋佛教輪迴說。其後這種解釋流行一時，支遁、慧遠、梁武帝、法通等各有論述。其所以如此，是因佛教思想初入中土，中國人對其義理還很陌生，故不能不用「格義」的方法來傳播。當時用來格義的材料，主要就是《易》與老莊。

這本來是一種權宜之計，但僧家因此而鑽研《周易》，熟悉《周易》的儒者也因此而接近了理解了佛理，對佛學與易學兩方面都是有益的。而且兩方義理因此交流，竟開出一朵奇花異卉來。

據唐初孔穎達《周易正義．序》說，南朝時這種會通佛易的《易經》注解有十幾家，內容多是「論住內住外之空、就能就所之說」。可見當時解《易》以般若性空之理為主，也有主客能所的分析。

孔穎達代表了唐代官方經學的立場，他是不贊成這種佛易會通方式的。但趨勢已成，難以遏止。到柳宗元寫「道州文宣王廟碑」時，就介紹當時官學裡教《易經》的，乃是沙門凝辯。可見僧人熟悉《易經》，甚至能在文廟裡講經而世不以為異。一時風氣，可想而知。

凝辯的講稿，現在看不到了。可是其他僧界大德對《易經》的闡發和會通，仍有許多材料留下來。如華嚴長老李通玄以《易》解《華嚴》，且特重艮卦，對後世的影響就很大。

但我覺得唐代佛易會通的路數可能最特殊之處乃是象數。

六朝時，王弼掃象之思想勢力很大，故南朝的佛易會通，絕少就象數說，唐朝就不然。如密宗大師一行，著有《大衍玄圖》、《大衍論》等，他就最重視大衍之數，甚至還製作了大衍曆，並依孟喜之說作了卦氣圖。宗密的朱墨十重圖，是用來表示修煉過程中之染淨狀況的，也與《參同契》的納甲月體說有關。禪宗臨濟義玄講四料簡、四賓主、四照用；曹洞宗石頭希遷作禪門《參同契》；洞山良价作《寶鏡三昧歌》，講六爻偏正回互；曹山本寂講五位君臣，更與《周易參同契》都有直接關聯。

我認為這與道教內丹學之發展有關。內丹學興起於中晚唐，特重《周易參同契》。禪宗濡染風氣，故亦重此。厥後道教內丹學講性命雙修，又都吸收禪宗，以禪為性功。兩家融合，此其契機也。

宋代以後，講易佛會通的更多，如王安石、蘇軾、朱長文、李綱等都是。朱長文、李綱均是講《華嚴》的。以禪解易，則始於南宋。如沈作喆、楊簡、王宗傳，下開明代雲棲袾宏、紫柏真可、蕅益智旭之先聲。智旭法師《周易禪解》以禪入儒、誘儒以知禪，影響尤大。如焦竑《易筌》、張鏡心《易經增注》、鄭圭《易臆》等多承其風。所以《四庫提要》說：「明末心學橫流，大抵以狂禪解易。」

清代以來，佛易會通的講法漸少。清末唯識學大盛，可是用唯識以說易者卻少見，反而是有熊十力《新唯識論》這一類以易學來反對唯識的。

以上大略介紹古來會合佛易的歷史，並說明其合會之不同路數，是希望提供讀君祖這本書的讀者一些背景知識，瞭解佛易結合也是一條源遠流長的學脈，不可輕忽。

其次，這也可以讓讀友們知道君祖之解，在佛易會通方面究竟居什麼地位。

由上文的介紹，大家應可以看出：歷來之解，以佛解易為多，以易解佛卻罕見；周濂溪、程伊川曾說《華嚴經》的道理可以用一個艮卦來概括，也語焉不詳，佛教徒則多不以其說為然。以佛解易者，儒者也多表異議，認為是比附或扭曲。因而此事有兩個難點，一是對佛教和《周易》的義理均須精熟，且能解釋得銖兩悉稱，無比附歪曲任何一方之嫌。二是要開創一種以易解佛的路數。

君祖選擇的是《心經》。這也是歷來講佛易會通者罕及的。過去，正如我上文所介紹，或說空有，或講主客，或論華嚴，或云象數，或道心禪，並沒有以《心經》來闡述兩家義理的。以《心經》之重要性而言，如此言佛易會通，不啻失之眉睫。君祖此書可謂補足了歷史缺憾。

所以這雖是一本小小的講錄，其實價值甚大，我是十分佩服的。唯一需要做些補充的是「阿賴耶識」的問題。

「阿賴耶識」，攝論宗謂為染雜，要轉識成智時，須另依第九識「阿摩羅識」。地論宗則認為「阿賴耶」就是「如來藏」、是「真如」。但其說實際上是取消了第七識「末那識」，或把「末那識」和「染法阿賴耶識」合併了。《大乘起信論》又以為它既是染又是淨，染時是「阿賴耶」，淨就是「如來藏」。君祖採取的，是把「阿賴耶識」視為染而未淨的立場。這在佛教中也是有依據的，讀友不必依不同經論或宗派主張而起疑情。

龔鵬程寫於燕京酒仙橋畔

# 自序：觀行天下

《心經》二百六十字，將大乘佛法的究竟真諦闡述無遺，這種成就真是不可思議，難怪贏得千古讚歎。在我所品讀過的中外經典中，大概只有《易經・雜卦傳》堪與比擬。《大易》為華夏文化之源，暢演天人奧義，世所共尊。《雜卦》為十篇《易傳》壓軸，兩百五十字排比詮釋六十四卦，精彩生動，餘韻無窮。《心經》若不算後面咒語，似乎更精簡，《雜卦傳》去掉「也」字不到兩百，篇幅仍是最短。何況《心經》用了「亦復如是」、「無無明，乃至無老死」的省略表述，又掐頭去尾不提法會因由及效果，才有如今傳世的風貌。看來中國人還是言簡意賅的翹楚，意在言外，不盡風流。

一般佛經都記載佛說，《心經》卻是觀音菩薩擔綱說法，劈頭一句「觀自在菩薩」，欲觀世音，先「觀自在」。菩薩即自覺覺人，先知覺後知，先覺覺後覺。「行深般若波羅蜜多時」，觀而後行，想到做到才是最深刻的妙智慧。「照見五蘊皆空，度一切苦厄。」知行合一了，便可照見俗塵虛幻，濟度眾生解脫一切痛苦煩惱。

道藏中的《黃帝陰符經》不到四百五十字，底蘊極深，也是膾炙人口的經典。開章明義即稱：「觀天之道，執天之行，盡矣。」仍是先觀而後行，道法自然，包羅萬有，修習者善觀真行，必然成道。

《易經．繫辭下傳》次章稱述《易》之源起：「昔者包犧氏之王天下也，仰則觀象於天，俯則觀法於地，觀鳥獸之文，與地之宜，近取諸身，遠取諸物，於是始作八卦，以通神明之德，以類萬物之情。」中華最高經典的智慧，也是從觀察而來。《彖傳》於咸（䷞）、恒（䷟）、萃卦（䷬）分稱：「觀其所感、觀其所恒、觀其所聚」，「而天地萬物之情可見矣！」

《易經》還有觀卦（䷓），卦辭云：「盥而不薦，有孚顒若。」就是宗廟中虔誠祭祀之象。《大象傳》稱：「風行地上，觀。先王以省方觀民設教。」設教施政都得行腳四方，觀察風土民情，因人因地制宜才行得通，這與觀音現身說法的道理全合。觀卦六爻由內而外、從低至高的精進歷程，亦通眾生、聲聞、緣覺、菩薩而佛的進階修行。《心經》從空五蘊、十八界、十二緣生、四聖諦，乃至無智無得，遠離顛倒夢想，究竟涅槃，層層突破的妙智慧，觀卦足以盡之。儒、釋、道三教探討宇宙人生真理，大道並行而不悖，並育而不相害啊！

今日世風之亂，災難不息，真正緣由還是人心不淨。我習《易》四十年，兼修儒、釋、道，近年來教學研多作三教會通之事，希望於學者有幫助，於世道有補益。

# 緒論

# 《心經》概述

《般若波羅蜜多心經》簡稱《心經》，同阿彌陀佛、觀世音菩薩一樣廣為人知。《心經》非常短，全文僅兩百六十個字，其含義卻極廣博而精深。《心經》文旨，原出於大部《般若經》內有關舍利子的各品，即秦譯《大品般若》的〈序〉、〈奉缽〉、〈習應〉、〈往生〉、〈歎度〉五品，唐譯《大般若經》第二分初〈緣品〉、〈歡喜〉、〈觀照〉、〈無等等〉四品（《大般若經》卷四百零一至四百零五）。各品說佛和舍利子問答「般若行」的意義、功德，《心經》即從其中撮要單行。

《心經》堪稱佛法的精華，「般若波羅蜜多心」為這部經的總名稱，譯為白話就是教人依照「般若」妙法修行，便可度脫煩惱的生死苦海，達到究竟安樂的涅槃彼岸（波羅蜜），而親證不生不滅之真「心」實相。《心經》的心，一方面是我們的心，如天地之心、佛心、如來心，另一方面也代表精華的意思，即薈萃精要，也就是說大乘佛法的精要統統濃縮在這二百六十個字中。所以它是「大」，也是「心」。

要把整個大乘佛法的精華按照層次一層一層往上超越，在這麼少的篇幅之中表達得那麼好，真的不是凡手。我們現在採用的《心經》譯文，是唐代高僧玄奘翻譯的版本。玄奘自西遊回來，重新翻譯《心經》，他翻譯的版本與魏晉時期後秦高僧鳩摩羅什翻譯的版本相比，稍有出入。當然，後世都普遍認為，玄奘的譯本是最好的，文章也非常優美。

據說，玄奘西行取經，在自己受難的時候，所持念的也是《心經》，當然那是別人翻譯的版本。《西遊記》雖然是神話，但也間接地說明唐僧那一趟歷程，中間的確遇到很多的艱險考驗。只要碰到難關的時候，他就會誦念《心經》，念時，邪魔外道不能沾身，鬼神都得讓位。所以，大概他的體會很深刻，回來之後就自己譯了這麼一個傳誦千古的版本。

《心經》內容精粹，又涉及佛教的基本道理，加上文辭很短，我們必須要下功夫把它背熟。在講述《心經》的時候，我們還是貫徹以《易》證佛、以佛證《易》的基本路線。像《法華經》的講述，全部都是取自《易經》的卦象，《心經》也是如此。

但是經文一定要掌握，《心經》這麼短，凡是學佛的人，如果說《心經》還沒有看過一遍，那真的是匪夷所思的事情。

## 依經解經

關於《心經》，我用了兩大部分來說明，都是用八個字來概括，文字與《心經》、《易經》有關。第一部分即上篇，大概是包括了《心經》的前半部分，我概括為「觀空度厄，遯世無悶」；第二部分即下篇，大概包括了《心經》的後半部分，我概括為「風生緣起，品物咸章」。

《心經》一開始就是「觀自在菩薩」，到最後「照見五蘊皆空」。這就是「觀空」，即「凡所有相，皆是虛妄」（《金剛經》）。從這裡入手，「觀空」之後就能夠「度一切苦厄」，這就是我講述《心經》上篇的前半部分——「觀空度厄」。後半部分——「遯世無悶」，則是出自《易經》中乾卦（䷀）的《文言傳》和大過卦（䷛）的《大象傳》。

乾卦《文言傳》中，關於初爻「潛龍勿用」有這樣一段描述：「龍德而隱者也。不易乎世，不成乎名，遯世無悶，不見是而無悶。樂則行之，憂則違之，確乎其不可拔，潛龍也。」也就是說，在「潛龍勿用」時，「遯世無悶，不見是而無悶。樂則行之，憂則違之」，表現得很自在。但是《文言傳》的寫作是較後的，《大象傳》是遠遠在它之前，也就是說，大過卦的《大象傳》比乾卦《文言傳》早出現，其文曰：「澤滅木，大過。君子以獨立不懼，遯世無悶。」在一個幾乎毀滅的末法時期，充滿著顛倒夢想的大過卦，君子要「獨立不懼」，「獨」為慎獨之獨，「天下地上，唯我獨尊」之獨，那不是驕傲，是人所具有的良知良能。「在天曰命，在人曰性，在身曰心，在己曰獨」，個人的「獨」一旦確立，根本就是超越生死。《易經》中的大過卦和頤卦（䷚）代表的就是死與生，指向後面坎卦（䷜）、離卦（䷝）的永恒，所以「獨立不懼」即不害怕，無所畏。「遯世無悶」就說明，在世的時候，有時候會採取遯世的行為，但是心裡都很舒暢，不會有任何的煩悶。可見，乾卦「潛龍勿用」的「遯世無悶」是在大過卦《大象傳》的「遯世無悶」之後，再發揮出來的。當然可能也跟孔老夫子有關，大概是為了提醒大家，不要認為「遯世無悶」容易做到。「悶」是心門被關，憋著一團火，在遯世的時候要做到無悶，不是簡單功夫。如果能夠「觀空度厄」，你就能夠做到「遯世無悶」，「獨」已經絕對確立，什麼都不用怕了。

我用「遯世無悶」這一詞語涵蓋《心經》的前半部分，即在「觀空度厄」之後的心境昇華。

下篇所述的「風生緣起，品物咸章」，談到了佛教的「十二緣生」，這是非常有名的佛教的基本道理，大概很多佛經的書都會談到。「十二緣生」有一點像《易經》的十二消息卦，是印度原始佛教及部派佛教的核心理論。又作十二有支、十二因緣。指無明、行、識、名色、六處、觸、受、愛、取、有、生、老死等十二支。起緣於「無明」，「無明」緣「行」，「行」緣「識」，「識」緣「名色」，「名色」緣「六處」，「六處」緣「觸」，「觸」緣「受」，「受」緣「愛」，「愛」緣「取」，「取」緣「有」，「有」緣「生」，「生」緣「老死」，「老死」之後再回到「無明」，這就是業力的流轉，用以解釋宇宙人生種種的現象，也是佛教的輪迴觀點。

「緣」字就是《易經》第四十四卦姤卦（䷫）所代表的含義。「姤」代表不期而遇的機緣所至，這個機緣有時充滿了破壞性、虛幻性，有時在破壞之中又隱含著不可低估的創造性，帶來的是生生滅滅的現象。其卦辭云「女壯，勿用取女」，採取全面的否定。《大象傳》卻說：「天下有風，姤。后以施命誥四方。」《彖傳》更不得了，它把姤卦昇華到「天地相遇，品物咸章」的境界。這就是「風生緣起，品物咸章」。

《心經》談到「無無明，亦無無明盡，乃至無老死，亦無老死盡」，「無明」是第一因緣，「老死」是第十二因緣。《心經》把「十二緣生」拿來作為解釋宇宙人生種種的現象、種種的流轉，但是從大乘佛法的「觀空」來看，這些也是空虛不實的，它只是一種方便法門。所以在《心經》裡面「觀空度厄」的境界中沒有「無明」，甚至也沒有把「無明」解脫，不著「有」，不著「空」。《心經》只提到第一個「無明」跟最後一個「老死」，其實是「十二緣生」都在內，就像「色即是空，空即是色」，後面講「受、想、行、識，亦復如是」一樣。色、受、想、行、識，這是有名的五蘊的說法，「色」主要是講物質世界，「受、想、行、識」是講我們心的境界、精神的境界，只是分得很細，把心的現象、精神的現象又分成了受、想、行、識四個階段。物質世界所有的色相，「色即是空，空即是色」，「色不異空，空不異色」，《心經》就用省略筆法說「受、想、行、識，亦復如是」，那是什麼意思？就是不要再囉唆了。「五蘊」的第一個蘊是色，已經講了「色即是空」，「受」也「即是空」，「想」也「即是空」，「行」也「即是空」，到最後的「識」還是空。「色不異空」，「受、想、行、識」也「不異空」；「空不異色」，「空」也不異「受、想、行、識」，這就叫「亦復如是」。簡單的四個字就避免了重複囉唆，一旦重複，《心經》的篇幅可能會變成五倍，那麼哪來的精簡呢？唯有如此，《心經》才能把那麼多思想凝練在兩百六十個字中解決。「無無明，亦無無明盡，乃至無老死，亦無老死盡」，中間省略了「十二緣生」中的十個項目，就不那麼囉唆了。當然，這跟翻譯沒有關係，原先寫這一部經的人就是這個寫法，這是比較精要的寫法。不然《心經》的篇幅還得了，讀起來也沒有原來的韻味。以上是「十二緣生」。

姤卦因「風生緣起」，故「天地相遇，品物咸章」，幾乎跟乾卦、坤卦一樣的偉大。萬事萬物都是「緣生」，沒有一定的目的，就是到了時候，什麼事物都跑了出來。乾卦《彖傳》說「雲行雨施，品物流形」，坤卦《彖傳》講「含弘光大，品物咸亨」，所有品級不同的物種，從乾卦的「流形」，到坤卦的「咸亨」，然後到姤卦的「咸章」。換句話說，不要小看姤卦，它可能在解釋宇宙與人生的緣起，不要只從卦辭「女壯，勿用取女」去看待它。整個世界是怎麼來的，我們是怎麼來的，生命是怎麼來的，都有機緣在其中，也就是緣生在其中。姤卦的錯卦是復卦（䷗），「復其見天地之心乎」，「復」是生，「姤」是滅，有生有滅，它們也有相通的地方。

「十二緣生」是佛法裡面的小乘羅漢，除了「十二緣生」，再高一點的就是所謂的「聲聞」、「緣覺」乘。「緣覺乘」是辟支佛的最高果位，即沒有聽聞佛陀教說，獨自觀察「十二緣生」等法理而覺悟。它們要觀「十二緣生」，從中尋求解脫之路，一個一個破，最後到達《心經》的「無無明」境界。這就是「緣覺」，跟「獨覺」略有不同。（出生於沒有佛的時候的開悟得道者，稱為獨覺；而出生於有佛之世，觀察思惟十二因緣得道證悟者，稱為緣覺），即自己觀「十二緣生」來成道。另外一個就是「聲聞」，即直接聽聞佛陀教說，思惟修證苦、集、滅、道「四聖諦」而覺悟。「聲聞」羅漢，修「四聖諦」，就是《心經》中的「無苦、集、滅、道」。

## 正法明佛，乘願再來——觀音菩薩

在佛教中，觀世音是講法的菩薩，經過唐朝之後，「世」字給拿掉了，稱觀音菩薩，因為避唐太宗李世民的諱，遇到皇帝，菩薩都得謙讓。按照佛教一直傳下來的說法，觀音名列第一菩薩，據說原先早就成佛，不止菩薩境界，而是古佛再來。我們平常說修到佛的境界就是如來。佛也不是單數，而是「三世諸佛」。菩薩是比較低的位階，但是他寧願降格成菩薩，為的就是大慈大悲度眾生。這就是所謂的「正法明佛，乘願再來」。「正法明佛」是觀世音菩薩過去已成佛時之名號，又稱正法明王、正法明如來，具有不可思議之威神力。他於過去無量劫中已然成佛，以大悲願力，欲發起一切菩薩廣度眾生，而示現菩薩形。

「正法明」就是《易經》中蒙卦（䷃）所說的「蒙以養正」。人生要啟蒙，要開智慧，看透宇宙人生的真相，蒙卦初爻就有「正法」的概念（爻辭曰：「發蒙，利用刑人。用說桎梏，以往吝」），「發蒙，利用刑（型）人」，是說要啟蒙，就要有一個模範以見賢思齊；「用說（脫）桎梏」，則指有了這麼好的一個帶路人，才能夠幫我們把身心的捆綁解開，節省很多工夫。如果不這樣，就會「以往吝」，一個人是摸索不出來的。蒙卦的初爻，是針對「包蒙」的第二爻這一善機緣而言，幫其脫掉桎梏。《小象傳》說：「利用刑人，以正法也。」這就是「正法」，也就是蒙卦《彖傳》所說的「蒙以養正」。蒙的學習都在養正，正從哪裡來？眾生本來都有的正。這在乾卦的《彖傳》就講得很清楚：「乾道變化，各正性命。」性命即天命、人性，在天曰命，在人曰性。蒙要養的「正」是眾生本來在乾卦創生的時候就有的「正」，要「各正性命」。乾道是變化的，不是一樣的，所以到蒙卦才能養正，到第七卦師卦（䷆）時，其《彖傳》講「師者，眾也。貞，正也。能以眾正，可以王矣」，眾生都得去養正。而領導這些群眾的人，要把眾生的「正」開發、誘導出來，這就是先知覺後知、先覺覺後覺。菩薩就是覺有情眾生，自覺覺人就是菩薩，即「能以眾正」。「以」就是因、憑藉，因為眾生都有正，就可以善用之，把它誘導、開發出來，發揮大的用，「可以王矣」。眾生本來就有正，所以禪宗、六祖說眾生是自度，如果眾生沒有本來的正，六祖哪有本事去幫你度？眾生都有佛性，想要成佛，主要是靠自強不息，所有外在的佛菩薩都幫不上，最後還是得靠自己。師父領進門，修行在個人，就是一個「正」字，從乾卦到蒙卦，再到師卦，都在強調這一點。

學生要受啟蒙，跟老師學，老師的「正」已經開發出來，學生的「正」還沒有完全開發出來，但是本來與生俱有，那就要心心相印，看能不能從過來人那兒開發出來，這就是接引的意思。《易經》中的晉卦（䷢）強調「自昭明德」，即自己開發自性，但是還是需要過來人接引，需要「王母」。晉卦的第一爻是靠自己「晉如摧如」，最後要「裕無咎」，就是「獨行正也」，到晉卦第二爻時，完全靠自己打基礎還不夠——「晉如愁如」，就要「受茲介福，于其王母」，王母就是晉卦的「六五」，因為二爻很難過晉卦第四爻的「鼫鼠」（代表貪欲）大關，所以需要五爻扶一把，這就叫接引眾生，也就是晉卦卦辭所云「晝日三接」。當然，被接引的人本身也要努力「自昭明德」，才能夠被接引。這樣的話，自強不息、厚德載物的晉卦，到第二爻那個階段，求王母來提攜，才可以排解人生的煩愁。晉卦的卦辭中還講到人與生俱來的佛性、與生俱來的良知良能、與生俱來的正，即「康侯用錫馬蕃庶」，有天賜的良馬。後面的「晝日三接」，就說明，光是有天賜的良馬不行，還需要有人接引。晉卦的象是「明出地上」，第五爻已經是出來的太陽了，是「晝日三接」的執行者，接引下卦坤的三個陰爻代表的廣土眾民，眾生有人「摧如」，有人「愁如」，有人「眾允，悔亡」等，都是被壓在晉卦第四爻「鼫鼠」那一關下面，所以需要像

「六五」這樣已經邁過「鼫鼠」關的王母來介入幫忙。這就叫接引的「晝日三接」，「三」就是「初六」、「六二」、「六三」三個爻，需要「六五」來接。我們在寺廟或景點看到很多佛菩薩像的手伸出來，不就是要接引我們這些眾生嗎？有些人誤以為那是在跟人要錢，其實完全違背了佛的原意。

關於「正法明佛」，我們講了「正」，也講了「法」，人法地，地法天，天法道，道法自然，這是大家都知道的。正如《易經》坤卦的第二爻「直方大」，眾生是坤卦，「大」是乾卦，「方」就是效法，需要好好效法，規規矩矩的學習，到最後你也「大」了，那就是諸佛、群龍無首。

觀世音的前世是「正法明佛」，傳說他做過釋迦牟尼佛的老師。觀世音已經是學長，已經成佛，為古佛。釋迦牟尼在這一生成就，觀音也不甘寂寞，想要再救眾生，於是乘願再來。

他有大願，主要幫誰？幫阿彌陀佛。所謂的「西方三聖」，中間的就是阿彌陀佛，左觀音，右大勢至菩薩，用《易經》來說，就是左觀卦（䷓），右臨卦（䷒），承接中間的中孚卦（䷼），中孚卦卦辭說「豚魚吉」，西方淨土阿彌陀佛的願，就連低等的生靈（豚魚）都要「利涉大川」；只要有正信，不識字的人一樣可以往生西方淨土。中孚卦用數位「0」與「1」拆開，就是臨卦和觀卦，這就是佛教裡面的三位一體（參看拙著《易經密碼》第三輯「臨卦」一章）。如果光是「臨」有一定的缺憾，光是「觀」也有一定的缺憾，臨、觀俱足，才會圓融。觀世音菩薩把原先古佛的「正法明」都忘了，為了阿彌陀佛的大願，建立西方淨土，盡心協助。如果這種說法是真的，觀音的器量真是不得了，既做過佛的老師，然後覺得世界太亂，降格成菩薩，又去幫阿彌陀佛建立一個讓許多人嚮往的西方淨土。

這種做法真的是《金剛經》所說的「應無所住，行於布施」，自己圓滿了，還願意降格再來，這就是菩薩心。就像地藏王菩薩一樣，他本可以成佛，常住地獄，卻寧願不要成佛。地獄不空，誓不成佛，這是佛教偉大的地方。

## 《心經》與《易經・雜卦傳》

《心經》在諸多佛經中，雖然短，但很重要，很多人喜愛，不管是懂還是不懂，唱的也有，誦的也有，天天拿毛筆抄寫《心經》的也有。當然，那麼多人誦讀，因為它夠精簡，每天可以念五十遍，也可以念兩遍，精簡的好處在這裡。但是《心經》還是精簡不過《易經》的《雜卦傳》。《雜卦傳》就像《心經》總結大乘佛法一樣，屬於《易傳》的壓軸篇，它敢於把《易經》重新審視一遍，而且很有魄力膽識，把卦序全部打散重排，總共才二百五十個字。《心經》的作者我們不知道是誰，兩百六十個字也是言簡意賅，若把後面的咒除開，《心經》跟《雜卦傳》的篇幅差不多。

《心經》最後的佛咒「揭諦，揭諦，波羅揭諦，波羅僧揭諦，菩提薩婆訶」，是佛經中常見的。我曾經占過佛咒的效力，結果是完全不變的乾卦。也就是說，那是天籟，根本就是自然的音，千萬不要小看。很多佛經都有大咒，《心經》才兩百六十個字，最後就有十八個字的咒。如果把這十八個字去掉的話，比《雜卦傳》還少了八個字。但是《雜卦傳》裡面有多少虛字和連接詞？把「之、乎、者、也」都拿掉，《雜卦傳》精粹到什麼程度？可能兩百個字都不到。拿掉它們，不影響它的意思，但是絕對影響文氣、節奏。《雜卦傳》是韻文，有節奏，節奏好到極點，境界又高，《易經》的精華全在裡頭。《心經》很多人可能都會背，我建議大家也背背《雜卦傳》，不懂沒有關係，易理的境界絕對不是一朝一夕可盡。

《心經》跟《雜卦傳》的創作，只有具備大智慧的人才可能完成，現代人只能望塵莫及。我們有時講一堆廢話，還沒講出什麼東西來，他短短兩百字就把天地間的大智慧講完了，還提出了對未來的盼望。《心經》最後的咒云「揭諦，揭諦」，希望眾生都到彼岸去；《雜卦傳》最後的「君子道長，小人道憂」，也有救世的意思。和《心經》一樣，《雜卦傳》也是一層一層分析眾生的煩惱，凡夫有煩惱，羅漢有煩惱，菩薩也有煩惱，佛如果修成正果，還要小心掉到陷阱中。《心經》則是全部要超越，就像《金剛經》一樣，該要空掉的，不要執著，全部都得空掉。

《心經》以最少的篇幅以簡馭繁、化繁為簡，要把這些最深刻、最有深厚含蘊的義理講出來真不容易。拿《雜卦傳》來看，不像《心經》有時取巧，像開始的篇幅，有「亦復如是」的省略筆法。如「舍利子，色不異空，空不異色，色即是空，空即是色。受想行識，亦復如是」，講了「色」之後，「受、想、行、識」就省略了，如果全部都要講，就要增加文字。還有「十二因緣」，只講了「老死」跟「無明」，全講的話，就要擴張六倍。《心經》就是用那種筆法，把篇幅濃縮。可是在《雜卦傳》中不是「亦復如是」的省略，像「臨觀之義，或與或求」，是一種讓你自己去體會的筆法；「否泰，反其類也」，也是一種筆法；「損益，盛衰之始也」，講的都很圓融。還有，「晉，晝也；明夷，誅也」，講晉是晝，則明夷的夜的意象自然就有；講明夷是誅，晉就是賞，「康侯用錫馬蕃庶，晝日三接」的意思自然就出來了。這就是互文見義，連「亦復如是」都不用講，既然這兩卦是相綜的一體兩面，只用一個字來表達一個卦，另外一個卦的意思也能體現。

## 《心經》的本文

《心經》的本文是兩百六十個字。全文如下：

觀自在菩薩，行深般若波羅蜜多時，照見五蘊皆空，度一切苦厄。

舍利子，色不異空，空不異色；色即是空，空即是色。受、想、行、識，亦復如是。

舍利子，是諸法空相，不生不滅，不垢不淨，不增不減。

是故空中無色，無受、想、行、識；無眼、耳、鼻、舌、身、意；無色、聲、香、味、觸、法；無眼界，乃至無意識界。無無明，亦無無明盡，乃至無老死，亦無老死盡。無苦、集、滅、道，無智亦無得。

以無所得故，菩提薩埵，依般若波羅蜜多故，心無罣礙。無罣礙故，無有恐怖。遠離顛倒夢想，究竟涅槃。三世諸佛，依般若波羅蜜多故，得阿耨多羅三藐三菩提。

故知般若波羅蜜多，是大神咒，是大明咒，是無上咒，是無等等咒，能除一切苦，真實不虛。故說般若波羅蜜多咒，即說咒曰：揭諦，揭諦，波羅揭諦，波羅僧揭諦，菩提薩婆訶。

文中的「菩提薩埵」，埵字念ㄉㄨㄛˇ，「菩提薩埵」（梵語為bodhi-satta）就是菩薩的簡稱。光從中文的字義講，菩薩是沒有任何意思的，是梵文的音譯，但是中國老百姓都懂什麼叫菩薩。梵文的意思就是覺有情、下化眾生等。我們常說的自覺覺人，自覺是羅漢的境界，覺人是覺有情，是菩薩的境界，覺一切有情眾生。而覺行圓滿就是佛。佛經裡面的咒，梵文的音很重要，值得保留，如果硬是翻譯成中文的意思，不僅對應不上，而且音韻的感覺也沒有，天籟就無從談起了。

《心經》還有一個特點，即不像其他佛經，要講因緣，有開頭，有中間的發展，還有結尾。其他佛經都有導引講緣由，如《金剛經》開始就云：「如是我聞：一時，佛在舍衛國祇樹給孤獨園，與大比丘眾，千二百五十人俱。爾時，世尊食時，著衣持缽，入舍衛大城乞食。於其城中次第乞已，還至本處。飯食訖，收衣缽，洗足已，敷座而坐。」《心經》則是單刀直入，一開始就說「觀自在菩薩，行深般若波羅蜜多時」，沒有講法會的因由，直接就進入主題。當然它前面是有省略，而這個省略很高明；後面用一個以咒來做結，也是很高明的地方。不像《金剛經》到最後說：「一切有為法，如夢幻泡影，如露亦如電，應作如是觀。佛說是經已，長老須菩提，及諸比丘、比丘尼、優婆塞、優婆夷，一切世間天、人、阿修羅，聞佛所說，皆大歡喜，信受奉行。」其他佛經都有這個套路，但是《心經》沒有。

## 《心經》的譯本

《心經》的本文一般參考玄奘的版本，玄奘的修為境界，我們曾占算過，修到了天地之心的境界，即復卦（䷗）的初爻：「不遠復，無祇悔，元吉。」這就是金剛心。玄奘很小就出家，沒有經過紅塵的種種歷練，跟佛祖不同，跟近代的弘一法師也不同。他從童真入道，最後畢竟修成，其修為境界就是復卦的初爻，見證了天地之心。他算得上是中國佛教史上的第一人，其時代比六祖惠能稍早。唐朝那麼短的一段時間出現了玄奘和六祖這兩個奇葩，大概是因為佛教傳到中土，從東漢末到唐已經有一段時間，累積了這麼久，能量適時爆發出來，確實驚人。

玄奘的《心經》譯本，我們普遍接受，直接就可以看到「觀自在菩薩」，可是其他的一些譯本或者參考譯注，就把因由講了出來。因由就是所有修行的歷程全部超越，一個一個不要生執著，破了「我執」之後，還要破「法執」，所有不同階段的修行的方法、法門都不要執著。一旦執著，就死在那個法門下面，被它綁死，沒有辦法再超越。船已經到了彼岸，船就不必要了，但是人常常把一套方法奉若神明，甩不開，那不就生了執著嗎？像《金剛經》每講一個東西就說「即非」，如「如來說即非法相，是名法相」，也就是說，如果認為如來有所說法，那就是錯的，因為如來無法可說。

# 上篇

# 觀空度厄 遯世無悶

## 《心經》的緣起

《心經》的緣起，也就是所謂的因緣，是在靈鷲山中部，佛為諸菩薩聲聞弟子所圍繞，當時觀自在菩薩正在觀修般若波羅蜜多，專注思惟觀修而照見五蘊皆自性空。《心經》則是舍利子與觀自在菩薩有關空性的問答。佛出定後，認可菩薩所說，歡喜讚歎。且錄如下：

如是我聞：一時，薄伽梵住王舍城鷲峰山中，與大苾芻（比丘）眾及諸菩薩摩訶薩俱。爾時，世尊等入甚深明瞭三摩地法之異門。復於爾時，觀自在菩薩摩訶薩，行深般若波羅蜜多時，觀察照見五蘊體性，悉皆是空。及時具壽舍利子，承佛威力，白聖者觀自在菩薩摩訶薩言：「若善男子，欲修行甚深般若波羅蜜多者，復當云何修學？」作是語已，觀自在菩薩摩訶薩，答具壽舍利子言。

「世尊」是佛陀的尊稱，此時釋迦牟尼佛入定了，入定的時候無法與根器不夠的人講經，那就由觀音菩薩代勞。照講，佛有神通無限，入定的時候都能講經，《金剛經》就是佛祖大徹大悟之後，入定的時候講的。這樣的經共有三部，除《金剛經》外，一部是《菩薩戒經》，也叫《梵網經》，還有一部是《圓覺經》，對象都是菩薩。佛入定的時候，菩薩也入定，他們在定中可以上課。因此，佛祖拈花，迦葉一笑，拈花微笑可傳大法。可是，《心經》這個法會中，很多聽眾沒有到菩薩境界，程度不夠。程度不夠的話，你就是放大喇叭講，也聽不懂。既然佛祖已經入定，沒有辦法在定中相會，講的話大家也跟不上，所以觀音菩薩就代為宣法了。

「菩薩摩訶薩」就是大菩薩，「舍利子」就是舍利弗，他也是佛的十大弟子，堪稱智慧第一。舍利弗在《心經》中為什麼叫「舍利子」呢？因為他是舍利的孩子。傳說舍利是印度的一種眼睛很漂亮的鳥。舍利弗的母親就叫舍利，其眼如舍利鳥，明亮而美麗。舍利弗的母親懷他的時候，他母親的智慧，就異於尋常的婦女，據說這是受胎兒的影響。舍利鳥也稱美眼鳥。鳥的形象在佛經中較多，像觀世音的「觀」字，就好像一只高空的鷹俯瞰大地，看得很深很透。「揭諦」的「諦」，《說文解字》稱「審也」，就是「觀也」，如同法眼、天眼、佛眼一樣，看得深透。

舍利生的小孩，聰明、有智慧，觀音佛稱舍利弗為舍利子，是很親切的叫法，就像叫鄰家的孩子一樣。借著指點舍利弗，其實也在指點眾生，代佛宣法。佛入定，觀音挺身而出講法，當然，他前世是「正法明佛」，絕對有講的資格。

「時具壽舍利子，承佛威力，前白觀自在菩薩摩訶薩言」，「白」，是對上對尊具言，因為觀音的功力比舍利子高，故云「白觀自在菩薩摩訶薩」。「若善男子，欲修行甚深般若波羅蜜多者，復當云何修學？」這是舍利弗在請教觀音菩薩，就像須菩提在《金剛經》中提問題一樣：「云何降伏其心？」有了問題才帶出答案，就像《易經》也是問題帶出來的答案。有善男子發心想要學最高深的「般若般羅蜜多」——渡彼岸最精深的智慧，要怎麼修？

「作是語已，觀自在菩薩摩訶薩，答具壽舍利子言」，觀音佛回答舍利弗尊者的話，即《心經》本文。

我講這一段就是要告訴大家，那時剛好是釋迦牟尼入定，所以有觀世音的出頭天。觀世音講了這些之後，佛也出定了，就要慰勉一下，說講得好、講得好。「爾時，世尊從彼定起」，也就是說，佛在入定的時候，也聽得到觀音所講，所以他就讚道：「善哉，善哉，善男子，如是，如是。如汝所說，彼當如是修學般若波羅蜜多。一切如來，亦當隨喜。」意思是說，講得不錯，大家都應該照著觀世音講的做。「一切世間天、人、阿修羅、乾闥婆等，聞佛所說，皆大歡喜，信受奉行。」最後皆大歡喜。

首先介紹《心經》的緣起。現在傳下來的經文前後全部刪掉，不需要有「序」跟「跋」，因為這些序和跋在哪一部經典中都差不多，都是「皆大歡喜，信受奉行」。我之所以提一下來源，是因為很有趣，剛好佛陀入定，才有這樣的妙機緣。於是，這一部經不是佛說的，而是觀世音菩薩說的。機緣不可失，佛一邊入定，一邊聽觀世音講，然後要讚美、加持，這樣就傳下來，還是合乎一般佛經的寫作規範的。我們現在一般讀《心經》，認為觀世音好像是心血來潮，沒有任何人問，其實不然。這是舍利子問，觀世音專門跟舍利子講的。佛所說的經文，一般都是因機問答，而《心經》是觀世音因人家提問，佛祖入定，故具答。但是佛祖不會因為觀世音搶了他的「飯碗」生氣，而是非常讚歎觀世音的作答。可見，佛祖真的是心量無邊，諸佛菩薩之間不搞嫉妒、踢館、破壞道場搶學生的事情，而歷代至現代，不管是從政還是從商，甚至宗教界也是鬥得一塌糊塗，隨便一個道場都要搶學生，然後還欺師滅祖。可見，佛的境界不是我們一般人辨得到的，所以佛經的境界值得慢慢品味。照他們這樣做的話，人生真的可以解脫太多東西。接下來進入《心經》的本文。

**觀自在菩薩，行深般若波羅蜜多時，照見五蘊皆空，度一切苦厄。**

## 觀自在

「觀自在菩薩」，「觀自在」就是觀世音，觀什麼音呢？觀世界的音，有天籟、地籟、人籟，都是聽覺的；就像《易經》中的豫卦（䷏），面對音樂、節奏，看能不能起共鳴以致奮發。世上的音有很多，有的聽起來很快樂，有的則像豫卦第一爻的

「嗚豫」（嗚豫為凶）。有的人很痛苦，有的人不平則鳴，有時候用歌唱，有時候用呼喊、吼叫。世上的聲音形形色色，喜樂、哀悲、愁苦皆有。菩薩就是專門要觀世上的音，他才能起悲憫心，聽到眾生的求救聲，瞬息就至；只要有人持念「觀音」，觀音菩薩馬上就來救苦救難。換句話說，本來世間的音有樂音，也有苦音，喜怒哀樂都有，但是觀世音菩薩的重心還是要度苦。人世間恐怕多半是苦，聞聲救苦好像還是比較被動，災難發生了，才去，這不合觀音的特色。

應該是尋聲救苦，沒有痛苦出來的時候，就要到處去找，預防、防範，加強人家的信心，不要等發生了再去解救。這才是觀世音。當然，要觀世音，首先得「觀自在」，他自在，才能夠扮演救苦救難的角色。

「觀自在菩薩」，可從《易經》中的觀卦（䷓）得到很多的印證。像第五爻「觀我生，君子無咎」，觀卦修到最高的「九五」，就是「君子無咎」，無咎者，善補過也。充滿著金剛心的復卦（䷗），就是在要求改過，如《繫辭傳》所云：「有不善未嘗不知，知之未嘗復行也。」從起心動念到行為的調整，要「終日乾乾，反復道」。

孔子所謂的「克己復禮」的「復」還是改過，改過才可能觀天地之心。「懼以終始，其要無咎，此之謂《易》之道也」，「無咎」才是《易經》最終的訴求。

我們再回到「觀我生」，「我」，當然是「大我」，這和觀卦第三爻的「觀我生」不同，第三爻觀的是「小我」，它是在觀卦的下卦坤（☷）所代表的廣土眾民的境界，已經修到下卦的頂端，但還是觀「小我」之生。

可見，人都是先從研究自己開始，研究自己的欲望和限制，以期突破。三爻與五爻同功而異位，等到一定時機，就可從下卦的坤進入上卦的巽（☴），教化成佛。所以觀卦的「六三」，爻辭稱「觀我生，進退」，還是不穩定，有時候進，有時候退。修到第五爻的時候，就不是進退不定了，而是「無咎」，因為這是觀「大我」之生，不會犯錯了。《小象傳》稱「觀民也」，就告訴我們，「大我」包括眾生。觀卦《大象傳》稱：「風行地上，觀。先王以省方觀民設教。」這裡的「觀民」，就是觀「大我」之生，然後「設教」，看對象的資質，再決定怎麼講。小孩子是「童觀」（觀卦初爻「童觀，小人無咎」），有「童觀」的講法；女人是「闚觀」（觀卦第二爻「闚觀，利女貞」），有「闚觀」的講法。

從「小我」到「大我」，是一個轉換，要掌握宇宙人生真相，就要求「大我」。那麼，要怎麼求呢？這一點要搞清楚。《金剛經》云：「若以色見我，以音聲求我，是人行邪道，不能見如來。」「如來」就是真我、大我。《涅槃經》說佛有四德，即「常、樂、我、淨」。「常、樂、我、淨」本來是「四顛倒見」，是指世人將無常為常、苦作為樂、無我妄作我、不淨為淨。而在佛法當中，所不否認的「常、樂、我、淨」，是指離於貪嗔癡、出脫五陰後，解脫了無常的因緣，因而為常；無有一切苦，是故稱樂；無我可言，我亦無謂；離一切不淨，自然清淨。這裡的我也是「大我」。涅槃四德，就像《易經》第一卦乾卦的「元亨利貞」一樣，自然而然。

《易經》中除了觀卦，也有許多的「我」，如小畜卦（䷈）卦辭云：「密雲不雨，自我西郊。」小過卦（䷽）第五爻亦云：「密雲不雨，自我西郊。公弋取彼在穴。」中孚卦（䷼）第二爻稱：「我有好爵，吾與爾靡之。」頤卦（䷚）初爻稱：「舍爾靈龜，觀我朵頤，凶。」

「我」，有「大我」，有「小我」，還有「無我」，就像佛經所說的「無我相，無人相，無眾生相，無壽者相」，也是艮卦（䷳）卦辭所稱：「艮其背，不獲其身。行其庭，不見其人。」

觀卦第五爻「觀我生」其實就是觀音菩薩的相，就是「觀自在」，先觀自在，由「小我」之生一步一步修上來，到觀「大我」之生，然後就觀世音了。這時對於世界上所有的東西都能從被動的聞聲救苦到更積極的尋聲救苦。

自己先修完整，這就是「觀自在」。用十二消息卦來類比的話，觀音菩薩剛好對應觀卦的月份——陰曆八月，他是八月成道，而他的誕辰則是其錯卦大壯卦（䷡）的月份——陰曆二月。從大壯卦到觀卦，就是脫胎換骨，秉天地之氣而生的「大壯」，最容易犯錯，要把「大壯」修成「觀」，則是錯卦的劇變，經歷脫胎換骨的變化。

## 菩薩

關於菩薩，再詳細地講一下。菩薩是「菩提薩埵」的簡稱，語意如菩提樹枝繁葉茂。「菩提」譯為「覺」，來源於菩提樹，因佛祖在菩提樹下大徹大悟。「薩埵」譯為「有情」，菩薩，便是「覺有情」，這一點，前文講過。「有情」是指有情愛與情性的生物。將自己和一切眾生一齊從愚癡中解脫出來，而得到徹底的覺悟，即自覺覺他，這種人便叫做菩薩。佛教的菩薩本義，和民間的觀念不大相同，菩薩是信佛學佛之後，發願自度度人、乃至捨己救人的人。

同時，菩薩是眾生成佛的必經身份，眾生要成佛，必須先發大願心，也就是說，從最初的發心發願，直到成佛為止，都可稱為菩薩，所以有凡夫菩薩與賢聖菩薩的不同。通常在佛經中所說的菩薩，都是指位階，只有十二個位階是聖人，那就是從「初地」到「十地」，加上「等覺」、「妙覺」。「妙覺菩薩」就是佛，「等覺菩薩」是即將成佛的大菩薩。

一般人最熟悉的觀世音菩薩、大勢至菩薩、文殊菩薩、普賢菩薩、地藏菩薩等，便是「等覺位」的大菩薩。

## 行深般若波羅蜜多時

「行深般若波羅蜜多時」，「行」是動詞；「般若」是妙智慧，不是一般淺的妙智慧，而是最深的、無上甚深的妙智慧；「波羅」為完成，即到達彼岸；「蜜」為無極。這樣的妙智慧能幹什麼呢？能夠「波羅蜜」，也就是能夠幫我們渡彼岸。渡彼岸需要很深的妙智慧，不然你自以為到了彼岸，其實卻還沒有到。以為自己渡了彼岸的人，都是《易經》最後的既濟卦（䷾）、未濟卦（䷿）裡面講的小狐狸，自以為已成狐仙，其實都快淹死了，不是「濡其首」，就是「濡其尾」，如「小狐汔濟」般功虧一簣的人太多，往往自以為行。「既濟」就是「既波羅蜜」，「未濟」就是「未波羅蜜」。《心經》講的是最深的「般若波羅蜜」，在行這個最深的渡彼岸的終極解脫的妙智慧時，可能也有其修行的法門。

關於「行深」，我多說幾句。《楞嚴經》講：「佛問圓通，我從耳門，圓照三昧，緣心自在，因入流相，得三摩地，成就菩提，斯為第一。世尊！彼佛如來，歎我善得，圓通法門，於大會中，授記我為觀世音號。由我觀聽，十方圓明，故觀音名，遍十方界。」這裡就講到觀音的耳門圓通，觀音能夠「反聞聞自性，修成無上道」，「反」就是反復其道、反身修德，即「觀自在」，這就是修行的法門。我們想要「觀自在」則很難，在你最忙碌的時候，心最煩的時候，或者看球賽的時候，或者看到身邊、電視上、報紙上發生的一些事情時，你能不能「觀自在」、如如不動？

《金剛經》到最後，佛說了一個偈：「一切有為法，如夢幻泡影，如露亦如電，應作如是觀。」結果「一切世間、天、人、阿修羅，聞佛所說，皆大歡喜，信受奉行」。也就是說，大家要受持，要讀誦，還要為人講說，為人講說本身多少要有一點金剛的樣子，因為講經會面臨很多挑戰，會受到眾生相種種的干擾，讓你的心無法安定下來。自己的心都不能安定下來，怎麼跟人家講《金剛經》呢？只有「不生法相，如如不動」，才可以。後世有很多人覺得《金剛經》要大力弘揚，可是不能夠生效，就是因為講經的人本身一點都不金剛，心亂得很，稍微有一點干擾就浮躁得不得了。所以講經的人在講說的時候要「不生法相」，無法干擾你，永遠「如如不動」，這才是金剛心的境界，那樣的話你才能在台上講《金剛經》。如果你一天到晚心被外界環境帶著轉，那你還有資格上台跟眾生講《金剛經》嗎？所以佛叮嚀後世所有人，要講

《金剛經》，一定要練到「不生法相，如如不動」，這就是法門。

為他人講說，為什麼可以不受這些干擾呢？因為「一切有為法」，都是夢幻泡影，既然「如露亦如電」，那你就作如是觀。你講你的《金剛經》，你的心如金剛，根本就不受外界所有的影響。如果要討好學生，要媚俗，你的心根本就是隨人、隨事而轉，怎麼講《金剛經》呢？可見，講經弘法絕不簡單，要「不生法相，如如不動」。

做到這一點絕不容易，我似乎還行，對著牆壁都能講經。以前在社會大學基金會講《易經》，講到最後只有兩個人，我還是把六十四卦講完了。結果那兩個人就如坐針氈，如如都動，我還是如如不動。跟兩個人講和跟二十個人講有什麼不同？沒有。可見，我們絕大多數人離佛菩薩的境界太遠，會受到外在環境的影響，心就一點都不金剛了。嘴巴講「金剛」，早就一鍋湯了。只有做到「不生法相，如如不動」，就像「艮其背，不獲其身；行其庭，不見其人」，一樣可以講經。眾生相之中，有男女老少，有的人打瞌睡，有的人魂遊天外，不知道在幹什麼，種種這些現象都不會造成任何干擾。這就是「行深」。修為真的深，用最高的解脫的妙智慧、渡彼岸的妙智慧，他就有了菩薩的法眼。我們眾生就是肉眼，往上修就開了天眼，有一些炫耀神通的人說他有天眼通，那算什麼了不起的。因為天眼上面，羅漢有慧眼，須菩提有慧眼（因為他修到羅漢境界）；然後到菩薩，就有法眼；到佛，才有佛眼。佛的高度就不一樣，他看東西就比我們透，比我們廣。我們就看得很狹窄，就像隔著門縫的「闚觀」，在最低的地方「童觀」。

## 照見五蘊皆空，度一切苦厄

慧眼、法眼就「照見五蘊皆空」，所有物質、精神的境界，即心物的境界，全部都能夠觀空。因為觀音透過很深刻的智慧觀照，發現大家都為了這些明明是空的「色、受、想、行、識」——精神的世界、物質的世界，那麼苦惱。

先有觀才會有照，先有觀才會有行，觀是第一步，「觀自在菩薩」，然後才「行深般若波羅蜜多」，不管你是實際的行動，還是心動，有了觀才能行。沒有一個正確的觀點去行，那就是盲動，是無妄。先是完全觀自在，這樣的一個菩薩，他才能夠由觀到行的境界——「行深般若波羅蜜多時」，就照見了「五蘊皆空」。

修到「五蘊皆空」，空了「五蘊」有什麼好處呢？這個好處太吸引人了，可以「度一切苦厄」，所有苦、所有厄全部在內，統統能夠度。很多人學佛，抄《心經》，就是希望度苦厄，解決掉一切苦厄。觀音的氣勢這麼大，如此充滿自信，一旦觀「五蘊皆空」，照見「五蘊皆空」的時候，可以「度一切苦厄」。因為一切苦厄是從「五蘊」來，我們沒有空「五蘊」，有的時候是肉身痛苦，有的時候因物質匱乏而痛苦，看人家有錢有勢，其心不快。

那麼，「五蘊」到底是什麼呢？分別是「色蘊、受蘊、想蘊、行蘊、識蘊」。在「五蘊」中，除了第一個「色蘊」是屬物質性的事物現象之外，其餘四「蘊」都屬精神現象。這就是我們常說的「色、受、想、行、識」。

「色」是空，「受、想、行、識」全是空，為什麼要苦呢？如果把它們看透、看空了，「凡所有相，皆是虛妄」，苦厄的源頭沒有，當然就「度一切苦厄」。

這就是觀、行、照、度，一切皆空。當然，「行般若波羅蜜」須是最深的，太淺還不行。這一切的前提是「觀自在」。

**舍利子，色不異空，空不異色；色即是空，空即是色。受、想、行、識，亦復如是。**

## 「色空不異」和「色空即是」

後面就是回答舍利子問。善男子要修最深的般若智慧，要怎麼修？觀音回答說：「色不異空，空不異色，色即是空，空即是色。」前面的「不異」跟後面的「即是」，還是有層次差別的。先從「不異」講，再到「即是」，最後就說既然第一蘊「色蘊」，即物質世界是空的，那麼「受、想、行、識」的精神境界，也跟色是一樣都是空。前面是總論，後面就告訴我們，人最看不破的就是色相，就是我們的肉身，就是外面的花花物質世界。覺得這些外在的物質世界明明存在，歷歷俱在，很多的痛苦因此而生。所以，觀音告訴舍利弗：「色不異空，空不異色。」把色蘊空掉，可是又怕他去執著於空，以為真有一個空可以追求，於是又告知：「色即是空，空即是色。」不著「有」，不著「空」，這一點從《金剛經》到《壇經》，一直都是這樣，都說不要執著。一般人會著「色」，會著「受、想、行、識」，會著那個「有」。有一些羅漢或者一些修行者，一旦超越這些，就會覺得那個「空」好美，不想再回到色界來，於是就會沉溺在「空」裡。沉溺於「空」，有個最大的危機，就是不需要再「即是」了，即再回到這個世界來度眾生，而是自己尋求，成了自了漢了，然後還認為他所追求的快樂無比的、沒有憂悲煩惱的空的境界是一個終極境界。其實，哪有這麼一個東西呢？

我們看到觀音講得很透徹，這個色與那個空，或者這個空與那個色，就是「不異」，並沒有不同。也就是說，只要通了，「娑婆世」就馬上是「極樂世」，不要到外面去找。心淨就國土淨，往外尋找，往往找不到，逃避也找不到，因為無定在，無所不在。只要你的見識到位，智慧足夠，此岸根本就是彼岸，就像既濟卦、未濟卦根本就是一個卦，這就看你有沒有智慧和觀照。有觀照的時候，它還在這兒，歷歷俱在，但是這個東西對你來講已經不一樣了。對地藏菩薩來講，地獄跟天堂是一樣的，他就常住地獄，一點都不苦，因為地獄不異天堂，天堂不異地獄，到那裡照樣布施濟眾生。從色空不異，即說兩者並沒有不同，到最後肯定它們根本就是一個東西，這個層次當然又不一樣了。

只看到色相不異空，那麼他這裡省略不提的就是物質世界以外的精神世界。「色蘊」具體來說，是指物質，指一切有形態、有質礙的客觀存在的物質聚合，相當於現在人們所說的物質現象。又具體包括地、水、火、風等四大物質因素。人們常說的「四大皆空」說的就是這四大。我們先破對物質世界這一色相的執著，然後還要破好像沒有形象的精神世界的執著。因為人一天到晚心思動念，憧憧往來。所以觀音告訴舍利子，「受、想、行、識」另外四個蘊「亦復如是」。怎麼「如是」呢？就跟前面一樣，拿「受」舉例吧。「色不異空，空不異色；色即是空，空即是色」就變成了「受不異空，空不異受；受即是空，空即是受」。受還是比較淺層次的，是指感官接觸外物所產生的感受或情感。「想」則更深一層，是指通過對因接受外界事物而產生的感覺進行分析而得到的知覺和表象。同樣，「想不異空，空不異想；想即是空，空即是想」。「行」是指通過對外界事物的認識而產生的行動意志，「行不異空，空不異行；行即是空，空即是行」。到了更深微的「識」，就是人的意識作用層次，「識不異空，空不異識；識即是空，空即是識」。但是，觀音講法，「受、想、行、識，亦復如是」，一筆帶過，就把它結束了，這種省略並非看輕這四蘊，而是不再於語詞上重複囉嗦。

## 剝極而復

前面的「色、受、想、行、識」都「不異空」，也都「即是空」，倒過來也如是。如果接受了，觀音接下來就告訴舍利子「是諸法空相，不生不滅，不垢不淨，不增不減」的境界。一層一層往上走，其實是很嚴謹的，「色、受、想、行、識」是關鍵，也就是「空五蘊」。只有空「五蘊」，觀音的悲憫心才達到目的。我以前講《易經》的時候就講過，第二十三卦剝卦（䷖）的象就是空「五蘊」，剝極復來，空「五蘊」之後才能探金剛心，即復卦的天地之心，才能「觀自在」。「觀自在」就是復卦的見天地之心。剝卦一陽在上，五陰在下，從「剝床以足、剝床以辨、剝之無咎」，到「剝床以膚，切近災」、「貫魚，以宮人寵」，最後一陽在上，「碩果不食」。五陰剝一陽，但是沒有剝，怎麼會復呢？因為碩果外面的果皮、果肉都一層一層扒乾淨，看到了核心的種子，那是能夠傳承生命千秋萬世的種子，可以活幾千年。唐朝的蓮子距今一千多年可以再開花，中東兩千年的椰棗可以開枝展葉，就是種子的剝極而復。

換句話說，「剝」可以運用到我們的人生，人生有很多虛幻的東西要剝掉，才能夠看到天地之心。「復」就是針對「剝」而設，「剝」是一定要經歷的過程，不「剝」怎麼「復」呢？果皮果肉不腐爛掉，不被鳥獸吃掉，裡面的種子就不能落土生根、伸枝展葉，再孕育下一代。所以果皮果肉的假象一定要剝空，即「五蘊」都空，復卦的種子、核仁代表的見天地之心、自在的佛性才能「度一切苦厄」。

# 八苦

佛教所講的八苦，除了「生、老、病、死、愛別離、求不得、怨憎會」，最後一個就是「五陰熾盛」，「五陰」就超像剝卦這個象，對照「五蘊」來說，「五陰」都淨，就是「五蘊」空，即是剝到最後，再去探真心。但是苦的時候，「五陰」沒有淨時，真是痛苦得要命，「五陰熾盛」，像烈火一樣燒心，讓你苦不堪言；就像《易經》艮卦（䷳）第三爻一樣：「艮其限，列其夤，厲熏心」，「危熏心也」。腰酸扯到背痛，扯到身心皆受苦，這就是艮卦止欲修行最艱難的一關。這一爻變就是剝卦，有無上的痛苦。「五陰熾盛」之苦就是如此。

前面還有「求不得苦」，《易經》蒙卦稱「匪我求童蒙，童蒙求我」，還有生命一開始的屯卦（䷂）才那麼小，就開始求婚媾。《雜卦》稱「臨觀之義，或與或求」；但是「求不得」，求一切都可能不得，那就苦得不得了。「求不得苦」，一語道盡人生的辛酸，所以人生真想自在，最好「自摸」，自摸門前清，萬事不求人，完全靠自己。有些人專門等人家放炮，要是別人不放炮，就變成了「求不得苦」。

「人到無求品自高」，道理就在這裡。心裡有所求，就矮半截。另外兩個苦也是對人生的嘲諷——「怨憎會」和「愛別離」。怨憎，有怨有憎，憎、怨還不大一樣，討厭的人、憤恨的人偏偏一天到晚碰到，不是冤家不聚頭。說孩子很好，其實小孩子是來討債的，那不是怨、憎嗎？鼎卦（䷱）「九二」說：「鼎有實，我仇有疾，不我能即。」「仇」讀作ㄑㄧㄡ的時候，代表配偶，一旦反目變成怨偶就成仇，所謂的前世結怨，這一世就變成子女來討債。討厭的人、憤恨的人一天到晚都碰到，還不能撇開，這就是「怨憎會」。「愛別離」，就是真愛的不能在一起，還得分開。換句話說，人一天到晚淨是碰到一些不喜歡的，而喜歡的卻不能長聚。

那麼多的苦，如果不能夠剝極而復，那不是白受苦嗎？如果有空「五蘊」的智慧，剝極而復，果皮、果肉等一切相都是虛妄，只有種子才是真實的，有永恆的生命力。種子的智慧，從佛法的觀點來說就是「根本智」，是「種子智」。《六祖壇經》中，五祖傳法給六祖的禪偈云：「有情來下種，因地果還生。無情即無種，無性亦無生。」「種」就是復卦的核仁。

沒有種子，其他都是虛妄，但是人生中，很多人把種子忘掉，淨想那花、葉的美豔，就像《易經》第二十二卦賁卦（䷕），這一色相的大全，表面繁花似錦，其實接下來就是剝卦。大過卦（䷛）「九五」說「枯楊生華」，但花的象「何可久也」。

## 五蘊

「色、受、想、行、識」這五蘊到底是什麼呢？

佛教裡面解「五蘊」（色、受、想、行、識），也是用比喻講，很好懂。《五蘊譬喻經》云：「觀色如聚沫，受如水上泡，想如春時焰，諸行如芭蕉，諸識法如幻。」也就是說，色如聚沫，受如水泡，想如陽焰，行如芭蕉，識如幻事。這和《金剛經》最後的總括說法相似：「一切有為法，如夢幻泡影，如露亦如電，應作如是觀。」既然「五蘊」皆空，「凡所有相，皆是虛妄」，我們「應作如是觀」。

「色如聚沫」，很多泡沫聚在一起，會一直聚集嗎？不會，所有的世界都是聚沫，一定會散的。「受如水泡」，水泡能夠持續多久？表面的張力一旦消除，水泡就沒有了。這就是泡沫。《易經》中的升卦（䷭）第三爻「升虛邑」，歸妹卦（䷵）第六爻「承虛筐」，最後都是竹籃打水一場空，還是要卸掉。所以，有聚就有散，萃卦（䷬）再怎麼努力萃聚，到最後一爻「齎咨涕洟」，歎氣沒有用，哭也沒有用，一定是爻變為否卦（䷋）。因為萃就是「緣生」，前面是姤卦（䷫），因緣所生，因緣聚合之後就是萃卦，怎麼可能是永恆真實的呢？所以「萃」所上來的升卦，就告訴你總有一天會困：「升而不已必困。」因為泡沫會破碎；「升虛邑」就是警告，所以第六爻就說「冥升」，然後就開始困了。升卦的第六爻爻變是蠱卦（䷑），開始敗壞、長毒，泡沫就空掉了，原先的「虛邑」，才發現真的不存在，只是海市蜃樓。

從《易經》的角度來講，聚沫、水泡都從姤卦而來的，天下有風，風生緣起。三千大千世界是怎麼誕生的，都是「緣生」的。還在乾卦第一爻「潛龍」的時候就告訴你，它是因緣聚合生出來的（乾卦第一爻爻變就是姤卦），是因緣所生，是「天地相遇，品物咸章」。受佛教的影響，中國人相信因緣，沒有緣不強求，很多事物都是緣，有緣才可以求。如果從爻變的觀念來看，《易經》到最後一卦是未濟卦，三百八十四爻跑到最後一爻，大功告成，好像什麼都沒有了，於是大家就放鬆放鬆、慶祝慶祝：「有孚於飲酒，無咎。」但是下面就出狀況了，有人喝醉了：「濡其首，有孚失是。」「潛龍勿用」時，「是」已經有了，只是還沒有表現出來，所以《文言傳》在解釋「潛龍」的時候說「不見是而無悶」，心中有「是」，有如來，因為時機還沒到，還沒表現，但也不會悶。修了一輩子，修到終極的未濟卦最後一爻，又失去了這個「是」，這是怎麼一回事呢？跟飲酒、濡首有關。飲酒、濡首本來的初發心是對的，一切的厄都沒有了，大家放鬆一下，這一放鬆就出事了，又偏離了。本來未濟卦第五爻的君子之光沒有了，第六爻又「有孚失是」，不過還好，雖然「失是」，但還是「有孚」。這個爻爻變為解卦（䷧），算得上是終極解脫，把肉身解脫掉，從「失是」，再「不見是」，再降生，即從未濟最後一爻再回到乾卦第一爻或者坤卦第一爻。所以，人生從《易經》來講，就如爻變，是從機緣所生，到最後追求解脫。以「姤」（乾卦第一爻爻變）開始，以「解」（未濟卦最後一爻爻變）結束。

我們再看「行如芭蕉」。因為芭蕉不會生長太久，時間一長，原來綠油油的長葉也會枯萎發黃。「識如幻事」，以前的魔術師變魔術就稱為「幻事」，在古印度的時候可能就有人靠這個生活。騙人的魔術師，可以無中生有，變出你所想要的東西，不過那一切都不是真的；但是明知是假的，看起來彷彿是真的。聚沫、水泡、芭蕉、幻事都是有限的，都是暫時呈現的象，何必為那些虛幻而苦呢？還有「想如陽焰」，還真像升卦「虛邑」的海市蜃樓，因為離得遠，日光一照之下彷彿存在，其實是一個幻象，不存在的。可是，人生常常為了這些不存在的東西想東想西。《莊子・逍遙遊》云：「野馬也，塵埃也，生物之以息相吹也。」野馬就是「陽焰」，為空中浮游之氣，望之似若奔馬，其實都是虛幻。

## 色是質礙

凡所有相，包括物相、心相皆空，才能空「五蘊」。物質世界或者肉身，就是「質礙」。一旦有了這一有形的硬體，肉身，或者山河大地，就是妨礙、罣礙。像前面有一座山，你就過不去；前面有一個坎，你也過不去。可見這一有形的物質世界一定是妨礙。「色」就是「質礙」，是有形的，擋在你面前，你就過不去。這樣一來，就有罣礙。我們看《易經》中的乾卦，乾為心時，我們會覺得來去自如。「天行健，君子以自強不息」，看遙遠的星空很燦爛，很有秩序地運行，我們就會想到人生也要自強不息，心裡的想法真的是天馬行空。可是，一旦要落實到坤卦的時候，要實際接觸大地上的人和物，想要自強不息卻變得很難，因為出現在我們面前的障礙太多了。一座高山、一條大川擋在前面，過不去，自強不息的口號沒有用，山是真實的存在，這就叫「勢」；就像坤卦《大象傳》所言：「地勢坤，君子以厚德載物。」此時的形勢就是「質礙」，比人強，就看你如何跋山涉水。所以，一個人光想著自強不息是很難應付「質礙」的。

那麼如何解釋「色」或者《易經》坤卦中的「地勢坤」（即物質世界）呢？在佛教裡面就是「根」與「塵」的觀念，屬於肉身的範疇。

「根」有五，即所謂的「五根」，指眼、耳等五識所依之五種色根，又稱「五色根」：眼根、耳根、鼻根、舌根、身根。有視覺、聽覺、嗅覺、味覺、觸覺的五官及其機能。這五者加上「意根」（心），就是「六根」。「五根」由物質而成立，故稱「五色根」。

「塵」亦有五，「五塵」即色、聲、香、味、觸。這五樣東西，會蒙蔽我們的心智和德性，所以叫做「五塵」。「五根」是「五塵」的基礎，色、聲、香、味、觸與眼、耳、鼻、舌、身是相對的，如眼能觀色、耳能聞聲、鼻能聞香等，這就是「五根、五塵」，都是具體的「質礙」，涉及我們的肉身和感官。

## 受是領納

接下來就是「受」，在佛教中，「受」就是「領納」。我們如果接觸外面塵的境界，會感受到，那麼就接受，這就是「領納」。就像《易經》坎卦（䷜）第四爻「納約自牖」的「納」，政治犯從狗洞裡面接受食物，就是被動承受。因為人的感官接觸外面的塵境，然後形成了一些看法、想法，產生分別。這就是「領納」，領會、接納。也就是「五根」中的「五識」去領納「五塵」之色、聲、香、味、觸的現境（現實存在的境界）。用現代心理學的說法，就是通感的境界。眾生皆有感，就如咸卦（䷞）《大象傳》稱「君子以虛受人」，作為《易經》下經第一卦，開始進入人間世，體會人性、人情，剛開始一定是「受」，即實際接觸外界。這就是從物到心的境界，心、物產生初步的互動，有感覺就接受。

## 想是想像

再進一步就是「想」的境界了，即意識的境界，也就是佛教「六識」（眼識、耳識、鼻識、舌識、身識、意識）中的「意識」。在「受」的時候肉身會有感，如觸感、觀感，眼睛看了有感覺，耳朵聽了有感覺，鼻子聞了也有感覺，但那只是感覺，直到第六識的「意識」發揮作用，於是就有分別心，去分別外境的色、聲、香、味、觸「五塵」，就產生妄想。這跟純粹被動自然的感覺不一樣，開始有分別、分析，開始想像了，第六識發揮作用。這就是看到外面的境，「受」了之後就開始「想」，想的功能開始發動，有了知覺。

## 行是遷流造作

再進一步就要思惟了，要深思熟慮，考慮這個、考慮那個，計算這個、計算那個。這種思慮的境界，就是「行」；心開始行動，開始按想法造作。這就是所謂的「遷流造作」，從唯識的角度講就是第七識——「末那識」，在第六意識之後，「末那識」跟「阿賴耶識」與前面的六識合稱為「八識」。第七識「末那識」會去執著第八識的「阿賴耶識」，念念不停。第七識又是第六識的根，故曰「念念不停意根」，這就是思慮的境界，即「遷流造作」。這些在我們的人生經驗中確實都存在。

## 識是了別

五蘊最後一個是「識」。「識」專講佛教八識的第八識。由此可見，「色、受、想、行、識」，其實把這八識全部講完。「色」就是前五識——眼識、耳識、鼻識、舌識、身識。「受」是從前五識發揮的由物到心的作用。「想」就是第六識「意識」。「行」就是第七識「末那識」。執著於第八識「為我」，然後念念不停第六識的根。有感覺，有思慮，用現代心理學講，就是知、情、意。「遷流造作」到最後是「了別」。我們常常講不要有分別心，不要執著，「分別」是意識在搞怪，因為要分別妄想，執著就是第七識，就是「行如芭蕉」，被第八識鎖得太死，這一執著就念念不停，一念接一念，即第七識的境界，那就是「分別」執著。最後的識就是第八識「阿賴耶」，也稱「心王」，像倉庫一樣，不知道存了多少東西，如同做夢一樣，現實裡沒有的，夢裡能提供很多素材。

另外，我們不要以為第八識就是終極境界。「阿賴耶」心法，稱為心王，是心的最深層的境界，跟投胎轉世輪迴有關，也就是俗話講的肉身先死，靈魂不滅。前面的一個一個開始敗壞了，靈魂最後走，等待投入新生命，有緣的先去，所以叫「去後來先做主公」，它是我們肉身生命的主宰，根本看不見，沒有形象。人要投胎轉世，它先來。也就是說，所謂的投胎也是一個技術活，不見得在身邊的才會第一個卡位成功。這就跟「阿賴耶識」有關。這也是佛教篤信的東西。從《易經》的《繫辭傳》來看，這些東西也不見得一定是虛妄，那是心念所感，就像咸卦所云：「不疾而速，不行而至，寂然不動，感而遂通天下之故。」「非天下之至神，其孰能與於此」，神無方，哪有什麼方所的限制？「無所不在，無定在」，只要一感就可以到，這是至神的境界，也是心的境界，沒有時空的限制。

可見，「阿賴耶識」影響很大，可以決定人的生生世世。看不見，可是全部都藏起來，所以有一些人把第八識當成真心，當成如來心，那就錯大了。我以前看到「阿賴耶識」就占過卦，結果是不變的升卦（䷭），也就是說，不是究竟真實的東西，只是「升虛邑」，是緣生，是因緣聚合所生，前面從姤卦來，所以升卦容易產生虛幻，緣生的東西怎麼可能會是超越的終極境界——涅槃、真如呢？當然不是。

## 對「色」的深層思考

以上是「阿賴耶識」。接著我們回來看《心經》中的「色、受、想、行、識」這「五蘊」，《心經》就是從空「五蘊」開始。但是對於「五蘊」要有很到位的瞭解，沒有那麼簡單。用《易經》的卦來說，賁卦是一個很好的說明。賁就是色相的組成，所以後面一定接著剝卦；色相當然是空的，總有一天會腐朽、損壞，所以「賁」最後一定是「剝」。當然，剝了之後也不用怕，因為有永恆的「復」在後面。但是所有的「賁」再怎麼美，諸如天文、人文、文明、文化諸般色相，似美女阿修羅般漂亮極了，只是有形可見的物質宇宙，有美有醜，有老有少，有盛有衰，都是假象，是外面的包裝，也就是「賁」的色相。色相遲早會成空，就如天上的流星，最後的美麗劃過長空，還是歸於毀滅。

我曾經就此占問，得出賁卦三個陽爻全部變，變成純陰的坤卦。先分析一下這個結果。賁卦初爻「賁其趾，舍車而徒」，先打好根基，先從美化立足之地的腳趾頭開始，然後要重視基層奮鬥的重要，不要急著往上爬。基層的歷練，就如初學功夫的蹲馬步，非常的重要。

也就是說，先有立足之地，立足於這個色相，要捨棄華麗的代步工具——「舍車而徒」，不要急，要腳踏實地，安步當車，一步一腳印，慢慢體會色的境界。第三爻是賁卦色相的高峰：「賁如濡如，永貞吉，終莫之陵。」真的是美得冒泡，很漂亮，但是這一爻泡在色相的大染缸中，光鮮亮麗，習染最深，也是墮落的深淵。在追求富貴利達的環境中，可謂是錦繡前程、眾所矚目。「賁如」很漂亮，「濡如」卻會傷害到善良的本性，讓人沾染很多壞習氣。如果面對這些習氣誘惑，都不可能讓你變易操守，永遠經得起考驗，那麼最後這些誘惑都將敗退，在人生的歷練中，完美地通過魔鬼的考試。「終」就是第六爻的「白賁，無咎」。到了上爻，從色相中參透，真的是「色即是空，空即是色」，到最後發現諸色皆白——「白賁」，上爻爻變是明夷卦（䷣），當然不是黑暗世界，而是說賁卦原本是很燦爛的，光彩奪目，到「白賁」的時候，完全都變了，沒有顏色了，這裡要從明夷卦的《大象傳》去理解：「君子以蒞眾，用晦而明。」即歷盡人生諸般鉛華，最後歸隱道山，息隱林泉。

從賁卦的初爻腳踏實地的理解色相，經過第三爻到人生的高峰色相體會，到最後瞭解色相是空，肉身也崩解，對一個修行正道、因色悟空的人來講，這是不是全程歷盡，最後一切歸空？也就是坤卦的塵歸塵、土歸土，一切終究歸於大地。這就是色相。人的肉身，動植物的軀幹，乃至宇宙萬物，即使萬萬年，也有毀壞的一日。山會崩，地會裂，地球會毀滅，太陽也會毀滅，諸天都會毀滅，都有「亢龍有悔」、「龍戰於野」的一天，所以「色如聚沫」，就是山火賁這個象，終歸要剝極而復。

在一次講授《易經》的課程中，我曾占一個關於二〇一二年文明浩劫的傳言問題，得出的卦象為剝卦（䷖）三、五、上三爻動，齊變為蹇卦（䷦）。傳言未必為真，但是這些天災人禍好像也歷歷俱在，我們的文明確實面臨這種存續的浩劫，也就是剝卦的上爻，下面所有的陰都在剝上爻這唯一的陽。也就是說，不尊重自然，諸般色相都得剝，只有從剝卦的角度去思考，陰要剝陽，到底哪一個陰最關鍵，對人類文明永續威脅最大的是哪個陰爻呢？這樣才能治本，在剝卦的時候才能夠救亡圖存，化解人與自然的矛盾。

有人說剝極而復，確實，剝後有復，但不是全部都復。換句話說，在剝極而復的時候，想辦法做復的長遠佈局，打造桃花源、避難基地，都是在剝的時候爭取時間，想辦法緩和陰剝陽；就像「貫魚，以宮人寵，無不利」，「宮人寵」這是關鍵因素，只要這個搞定，再「貫魚」，五個陰全部都會出現逆轉。治標是剝卦第三爻：「剝之無咎。」利用剝卦上爻承、乘、應、與的關係，先治標，先「剝之無咎」，第三爻爻變為艮卦（䷳），第五爻爻變為觀卦（䷓）。即剝卦《彖傳》中講的「順而止之，觀象也」，先止後觀。面對自然界諸多災難，如全球暖化、山崩海嘯地震，還有人禍，如核戰爭、生化戰爭、貨幣戰爭，到底哪一個是關鍵因素，哪一個是「貫魚」的呢？如果關鍵因素穩住了，那麼復的動作都可以備而不用。這就是「碩果不食，君子得與」。剝卦上爻、三爻、五爻齊變就是蹇卦，「蹇之時用大矣哉」，大家反身修德，擯棄前嫌，風雨同舟，什麼恩怨都得暫時放下，共同應付生態的浩劫。

找到關鍵因素，就要落實。所有這些因素到底哪一個是威脅最大，找到了，就先治標。但是一定要把這個找到，才能在剝的時候，暫時不去復，都沒有問題，穩住了，就不會出現「小人剝廬」的結果。我這樣講可能一時難以理解，大家慢慢消化消化吧（詳情可參考《易經密碼》第三輯「剝卦」一章）。當然，要搞清楚關鍵因素可不容易，有人認為全球暖化是最關鍵的，因為氣候影響一切，有些人認為未必。純粹就科學的觀點來講，這些沒有絕對的證據，關於氣候問題，有人認為未來幾十年或一百年，溫度可能會提高攝氏兩度，那時冰山會融化，生態隨之劇變。假如說全球暖化是關鍵因素，他為什麼這麼有把握，有做過實驗嗎？要知道，預測百年內地球溫度的變化，有多難！首先的問題就是沒有過去的樣本。人類才有多久？地球才有多久？氣象資料需要多少？氣象這麼多變，由過去敢判斷未來會怎樣嗎？就像對於五天後的氣象報告只能預測，不能百分之百肯定，所以氣象預報僅供參考。那麼，為什麼預測這個世紀全球暖化你就會相信呢？連這麼短的氣象預報都不可靠，長久的全球暖化而認為是可靠的，豈不奇怪？所以我們人類一定就是敗在這裡，一切都充滿了「未必」。

我曾經占卦問全球暖化會不會是關鍵的因素？結果不是。其實，我是先問關鍵的因素是什麼？最威脅的因素，就是不變的剝卦。山地剝是什麼象？我們現在所存在的薄薄一層，根基不穩，地面上只要隆起的部分都不穩，都有可能崩塌。因為下面是空的。剝卦就有生物滅絕的象，「山附於地」的自然象，是最具威脅的，而且是很緊迫的。剝的現象，有山崩，高的地方統統都有可能垮下來，因為下面支撐不夠，地的承載有問題，不再是「厚德載物」，沒有辦法載物，全世界都一樣。如果是這樣的話，要怎樣去處理？學《易經》要實用，不要理論是理論，實務是實務，抓住關鍵很重要。要處理剝極而復的問題，要做長期佈局，但是剝的時候要盡責，亡羊補牢，還要抓重點。重點是「山附於地」，人類的濫採，導致地下資源枯竭，地下被掏空，地殼在運動。所以我們不必把全球暖化當作關鍵因素，有更深層的原因。

# 下篇

# 風生緣起　品物咸章

## 《心經》與《易經》

我比較強調《心經》跟《易經》之間的關聯，有不少的卦象可以印證，加上《心經》是大乘佛法，所謂般若精華中的精華，非常簡練，裡面有大量的佛教名相，即佛教名詞。作為經文，當然不可能針對這些名詞再做解釋，所以理論上要真正搞清楚，需要有相當多的佛學知識，每一個名詞可能都要琢磨很久，才能懂得大概是在說什麼。

我們一方面借助比較熟悉的《易經》卦象，去練習參看根、塵、識、十二緣生，以及色、受、想、行、識等。這是從易象來講，也是一個方式。另一方面就是對佛學不是那麼熟的話，我們就進行定義式的、比較白話的解說。大般若大概有六百多部經，從《金剛經》一脈相傳到中國的《壇經》，然後更短的《心經》。心有核心的意思，除了講我們的內心、佛心，要安定這個心（金剛心）之外，也像心臟部位一樣，即大乘佛法的精華，所以《心經》的含金量是非常高的。要化開來講很困難，只能借助比較取巧的方式，很多時候我們還得經常去體悟。像其中的一些名詞，所謂的佛教名相，在別的佛經上都會出現，那樣也可以加深理解。

前文中關於《心經》本文部分只講到「受、想、行、識，亦復如是」這一段，其餘的經文還是要過一遍的，重點還是那些《易經》的卦象。另外，對經文裡的一些基本觀念我們要超越，要把它空掉，免得又被綁住。經文裡面的任何觀念都可能把我們綁死，所以我們還要把它空掉。當然，我們不要害怕空掉，這不是說我們所熟悉的世界、所熟悉的一些觀念、所熟悉的人間世全假或不存在，更不是說都是幻象、一場大夢；而是說，我們生而為人之後，對很多習慣性的思維淡漠了，就像《易經》的由屯（䷂）入蒙（䷃）之後，很多良知良能都被蒙昧了；即「元亨利貞」就變成了「亨利貞」，所以要恢復「元」，復元就得啟蒙，不然人間世的一切如同霧裡看花，總是隔著一層。我們的習氣、私欲、感情蒙蔽了我們的內心，觸碰不到生命真正的核心——乾、坤、屯之元，我們與「元」睽違，產生了隔閡，回不了家，看不到自己的本來面目。當然，由屯入蒙，照《易經》的原理來說，那是自然的，誰都不能免；「性相近，習相遠」，在蒙的時候就得下功夫，要啟蒙，採取「包蒙」或者「擊蒙」的方式，把我們習慣看到、感知、構畫的東西，空掉之後，才可復元。也就是說，把我們的積習空掉，從欲望的糾纏中掙脫，把元找回來，再回到現實生活中。注意，我們仍然是肯定現實生活的，這一點在大乘佛法中很重要。不像那些修習小乘佛法或者修習那些比較孤僻的，跟現世、世俗格格不入的法門的人，空了之後就如獲至寶，沉溺、迷戀那個空，覺得塵世太吵鬧，覺得柴米油鹽不勝負荷，所以就跑到天涯海角面壁或者閉關，遠隔世俗。對於這種傾向，大乘佛法是要力避的。因為人一旦掉到空裡頭，就算掉得不錯，成就也是有限的，與布施、濟度眾生、跟眾生結緣，完全斷了，成了一個「自了漢」，再怎麼樣修行，也是自了漢，這個空的境界根本就不究竟、圓滿。《金剛經》一再提「即非」，即否定，馬上又「是名」，又重新肯定。因為這是「即非」之後的「是名」，空了之後再回到「有」——宇宙萬有的世界中。只是觀念、想法都變了，原先感覺到的煩惱種種，已經不是煩惱了。經過一道「空」的手續，由煩惱轉菩提。

## 「空」與「有」

還有很多的唯識，包括「色、受、想、行、識」五蘊，那從種種的官能到心理的現象，如「八識」——眼、耳、鼻、舌、身、意、末那，以及最深層的「阿賴耶識」，都還不是究竟，都是因緣所生，還不是根，把這些東西都空掉，空掉之後，七日來復，還是有往有來。這一點就很重要，這就是大乘佛法。佛菩薩可以與眾生結緣，成佛之後還要回頭，自覺還要覺人，所以又得重新進入這個世界，隨緣說法，有往有來。但是他不會耽在空裡頭。如果說什麼東西都是不存在的，都是斷滅的，那就糟糕了。佛家認為一般眾生的那種空，對一切都是否定的，與其沉溺在「空」中，還不如迷惑於「有」中。

有一個比喻說得好，說那種嚮往清淨的，想在形體上、精神上離開煩惱的塵世，佛家認為還是不究竟，有時可能誤入歧途，沉溺到空裡頭，甚至是一種魔相。就像我們吃飯，飲食一定要有調味品，最基本的調味品是鹽。空的說法，要我們空掉這個，空掉那個，要我們從一般世俗的煩惱——執著於吉凶、禍福、得失、輸贏、成敗中，借著空把我們解脫出來，就像我們平常吃飯絕對不能少的鹽一樣。《聖經》也說，基督要做世上的鹽。鹽為什麼那麼重要呢？因為它是最基本的調味品。有它調味，食物吃起來就會覺得很鮮美。鹽就如光明一樣，是生活的必須品，不然就淡而無味。

學了一些「空」的東西，對我們的人生來講是很受用的，也就是說不要執著於「有」。光吃飯的時候，淡而乏味，聽了空的方法之後，就好像加了鹽一樣，變成了美味。但是鹽巴這麼好，只吃鹽巴，飯都不吃了，行嗎？這就是沉溺在「空」中。你試試看只吃鹽巴，味道會怎樣？可見，鹽巴一定要跟飯菜結合，也就是說「空」要跟「有」結合，才會很有滋味。專門吃鹽巴，肯定是苦不堪言。

這是一個最基本的比喻，「空」不是什麼都沒有，一定要跟「有」結合，所以「即非」之後是「是名」。然後還要與眾生結緣，不管你如何高，要是不回來普度眾生，就不是菩薩。

《心經》說「色不異空，空不異色」，最後卻是「色即是空，空即是色」，意思就是如此。我們所看到的所有的色相，是物質世界，而受、想、行、識與心有關。佛教是非常唯心的。「唯」最好不要把它當成「only」的意思，因為這個世界肯定不是只有心；「唯」是很特殊的意思，因為心理的現象太特殊，太複雜，比「物」要複雜得多，值得研究。如果把「唯」當成肯定的意思，肯定這個，然後都是這個，就否定別的，這顯然是偏頗的。心的現象非常特殊，像民國學者熊十力，學佛之後，就寫了《新唯識論》，「新唯識論」就是有別於所有以前的舊唯識論，他認為「唯」是殊特的意思，很特殊，很值得去深入研究。也就是說，心比物值得花更多的心思去研究。他認為心就是「受、想、行、識」，一層比一層深入細談，整個物質世界就用「色」來代表。

## 從「不異」到「即是」

《心經》「受、想、行、識，亦復如是」，簡單的「亦復如是」四個字就全部交代了。篇幅一下就省了五分之四。《心經》前面的那一段，每一個人讀了都很歡喜、嚮往，尤其是「觀自在菩薩，行深般若波羅蜜多時，照見五蘊皆空」，這個觀照的智慧，能使「五蘊」——「色、受、想、行、識」——皆空，其力量是很大的。人的身心世界，包括心、物這些人生的苦厄，太多太多，但是這一切苦厄，觀照的智慧都可以幫你度脫。但是如何觀自在，如何照五蘊空，必須「行深般若波羅蜜」，然後「色不異空，空不異色」。「色不異空」說明我們一般瞭解的物質世界的色相和空是沒有差別的。不過，如果把色相空了，也不要沉溺那個空，因為空也是相對的，也是一個假象。所以《心經》告訴我們「空不異色」，不能夠離開我們現有的花花世界。故後面就講「色即是空，空即是色」，色、空根本就是一個東西，不能分。講色空「不異」，與講色空「即是」，當然不一樣。這是講得比較究竟，先告訴我們色、空沒有什麼不同，然後告訴我們色根本就是空，空就是色。這些不是廢話，而是更徹底。我舉大家比較熟悉的《易經》思考方式，大概可以說明這個差別。「色不異空，空不異色」，色、空沒有什麼不同，有點像《易經》中的比卦（䷇）。即色、空很接近，可以拿來互相比較，沒有什麼太大差別。比卦代表互相合作，走得很近，不是對立、對抗，有共同的利益維持平衡。而「色即是空，空即是色」，就是《易經》中的大有卦（䷍）了。比卦和大有卦是什麼關係？是六爻全變的錯卦關係。眾生如果同體了，即大有，就是「色即是空，空即是色」，你就是眾生，眾生就是你。前面的比卦不是合二為一的東西，可以拿來比一比，互相親近，可以「建萬國，親諸侯」；可是到大有卦則是渾然一體，大家都一樣。

從「不異」到「即是」，然後「受、想、行、識，亦復如是」，不管你理解

「受、想、行、識」——由淺入深的人的精神心理現象，理解得多到位，統統都可以「不異空」，「空」也「不異受、想、行、識」；然後更進一步，「受、想、行、識」即是空，所以物也空，心也空。空即是「受、想、行、識」，又拉回來了，又重新肯定。

## 十八界

看《心經》第二段一開始，菩薩就說「舍利子」這個稱呼，感覺很親切。下面就談到了「六根」面對「六塵」，即眼、耳、鼻、舌、身、意所對應的色、聲、香、味、觸、法，然後就產生「六識」。這就是所謂的「十八界」（合「眼、耳、鼻、舌、身、意」之六根，「色、聲、香、味、觸、法」之六塵，「眼識、耳識、鼻識、舌識、身識、意識」之六識，名為「十八界」）。眼根所面對的就是色，入目就成色，入耳就是聲，入鼻就聞香，種種的感，舌頭嘗了就是味，身體就有觸感、觸覺。眼、耳、鼻、舌、身都是肉體的官能，「意」就要用心去想了；想的東西看不見，但是它是「法」，有時候執著，又成「法執」，變成觀念的奴隸，有了意識形態。眼、耳、鼻、舌、身、意代表的整個身心的功能，對象就是色、聲、香、味、觸、法，我們天天都感應得到，然後就形成了「識」；眼有眼識，耳有耳識，還有諸如鼻識、舌識、身識、意識等這些問題。

官能發出去，碰觸外界，就形成了根、塵、識。「根」接觸「塵」形成了「識」，這就是十八界。

## 再談「五蘊」——剎那生滅

「色如聚沫」，也是給我們一個象，跟《易經》的創作手法很像，我們要理解「色」為何物，有點太抽象，打個比方：「色」只是因緣剛好聚在一起，如同泡沫一樣不會太久。有聚就有散，有生就有滅，所以「色不異空」。要是執著於這個色，那你豈不是很痛苦？只是聚在一起的泡沫，一下子就沒了。聚一定會散的，不可能久。「色」包括一切物質世界，從宇宙星辰到山川大地，都是聚沫，它們不是不崩毀，只是時候未到。

「受如水泡」也是如此。我們不要陷入執著，要用長遠的眼光去看，穿透事物的本質去觀，會發現一切真的是空，不會久。

比較特殊的就是「想如陽焰」，從陽光下去看，有很多東西是假的，如同海市蜃樓，以為那邊有水、有動物，跑過去一看沒有，被一個空的東西引誘了，希望落空。「陽焰」其實就是光影造成的幻象。換句話說，我們平常所想的很多東西都是不存在的，如同升卦的「升虛邑」一樣。

再看「行如芭蕉」，這個講法比較有意思，芭蕉長起來綠意盎然，很是喜人，但它很快枯萎爛掉，一樣很脆弱。

「識如幻事」就像魔術師變魔術一樣，很多東西明明是假的，只是他的手法太快，我們看不出真假。就像我們去理解周圍的時空，包括我們的身心，都一樣，一切變得太快。所以，你以為是真的存在，其實每一個剎那都不一樣，就像看電影一樣，那個動態畫面其實是一秒鐘之內幾十幀的畫連續放映的結果。可是看起來畫面是在動的，其實它從來沒有動過，只是畫面放得比較快而已。

這就是佛教中的「剎那生滅」，在極短的時間內同時生、同時滅，根本就沒有一個東西能夠留得住。我們看到的好像連到一起，其實就是一個假象，每一剎那生的東西一下子就滅掉了。再慢一點的話，就是《易經》中所謂的「七日來復」，我們的身心哪裡會停在過去呢？七天之後全部換一遍，這已經夠慢了，但是已經不是原來的物質了。用這個觀點看剎那生、剎那滅，用心念的力量去驅動它。

占卦也是如此，有些人常常覺得大衍之術十八變成卦，心裡沒有安穩感，因為把籌策分而為二的時候，時間那麼短，結果完全不一樣，有時候就很緊張，心想能不能來一個好一點的？其實針對那個剎那來講，那個時間已經很長，足夠形成變化。

從色的角度來看，比較容易瞭解。人的肉身，外在的物質世界，統統都是色，可是心不同，分得很細，但是也可以通過現代的心理學去瞭解所謂的知、情、意，人有感覺、知覺、思慮，還有更深層的瞭解、辨別，這屬於整個心理系統的作用。

「色」是質礙，我在上篇就談過。即物質的東西會占空間，擋在那裡，你就不能直接穿過去，就得繞道。如大川、大山，遇到它，就是妨礙，那就很不方便。不像人的心理、精神，想怎麼樣就怎麼樣，完全沒有障礙。我想月球就想月球，想一萬年前就一萬年前，沒有任何阻礙，可是物質的東西絕對有障礙，不能隨心所欲，那就叫「質礙」。其實就是我們講的「五根五塵」，跟肉身有關，眼、耳、鼻、舌、身和色、聲、香、味、觸，這些就是質礙，確實在那裡，你不能來去自如。

我在講《易經》前兩卦時也講得很清楚：第一卦乾卦，乾卦講心，是魚龍變化，都是你的心；乾又為馬，故為心猿意馬。坤卦就講物了，坤為牛，牛就是最大的物，物就是「牛」字邊的。乾馬、坤牛，牛就絕對沒有馬跑得那麼快，我們的心念就像馬一樣快，可是這個物質肉身，就像牛了，老牛破車，好慢。乾為心，坤為物，心物合一之後，就生了屯卦，這就是萬物資始、資生，但是心在首位，唯心，不是「只有」它，而是它太特殊，太神妙，「不疾而速，不行而至，寂然不動，感而遂通」。坤為物，坤講的就是質礙的概念，所以面對山河大地，要順勢就得「厚德載物」。如果光從乾去理解「天行健」，一切都好像那麼當然，不像我們落在地球上，到處都是障礙，形勢比人強，面臨種種的險阻過不去，有時候甚至會懷疑，會動搖信心。障礙的礙右邊是「疑」，可見，現實很難過，坤卦最後「龍戰于野，其血玄黃」，其實就是「陰疑于陽，必戰」，那就是疑。坤卦開始是「履霜堅冰，陰始凝也」，物質世界開始凝結成形，「凝」的右邊也是「疑」。所以物質的世界，就不像心一樣來去自如。還有虛擬的擬，也跟「疑」有關，虛擬為假，不要太當真。這就是「色即是空」。

「受」是領納，指我們通過種種的官能領受、接納它，還沒有進行深層的消化分析或者推衍辯證。說白了，「受」就是感覺，即「五根」中之「五識」領納「五塵」之現境。眼、耳、鼻、舌、身這「五根」中的「五識」，去領納外面的「五塵」——色、聲、香、味、觸的現實存在。這種東西就是要感覺，感覺好不好，在於個人。

再深一層就是「想」。「受」了之後，開始加工，那就是第六意識——「意」，用想像或知覺來講，進行一些加工、分析，通過接觸到的五塵，分析哪些東西是有問題的，進行辯證。例如有些東西是妄想，從佛教來講是妄想、虛妄，那就要靠第六意識，不然你只是一個肉身。人從種種官能感覺之後的分析、求證，就是第六意識在發揮作用。這就是想像，即第六意識分別五塵之妄想，也就是知覺。

從《心經》來講，「想」也不可靠，還得「行」。理解「行」會比較繞彎，佛家的解釋非常好，謂「遷流造作」。「遷流」，即不斷在變遷、流變，每一個剎那都不一樣，像我們起心動念非常之快，一下不知道多少個念頭「造作」。這就是第七識，即唯識裡面講的「末那識」。

「識」為了別，即第八識，就像一個大倉庫。我們也稱靈魂，生的時候先來，死的時候後走，就是第八識「阿賴耶識」，也叫「藏識」，什麼東西都藏在裡頭，如前世的記憶，很多的雞零狗碎，曾經發生過的，曾經存在過的，都有記錄，抹也抹不掉，沒有辦法刪除，統統藏在那裡面，可以左右你幾輩子的輪迴。所以，有時候我們常常會夢到一些跟現實無關的東西，怎麼覺得很熟悉呢？那就是在第八識的不知道第幾層倉庫裡面出來的。第八識堪稱心王，因為「受、想、行、識」都是心的作用。「阿賴耶識」這個倉庫當然不是究竟，只是跟究竟有關聯，是究竟生出來的東西，是隨緣生出來的東西；你的本心隨緣生出來，造就了深層的「阿賴耶識」。「阿賴耶識」是了別一切，瞭解分別，什麼東西都歸類。人做夢時，題材永遠不怕缺，都有很深層的東西藏在那裡。

## 自性隨緣

我在上篇提過，曾經占卦問「阿賴耶識」是什麼，結果是不變的升卦（䷭），升卦初爻是虛的。而升卦的錯卦就是无妄卦（䷘），无妄卦是實的，「元亨利貞」是實的。「其匪正有眚，不利有攸往」，代表天災人禍是虛的，本來沒有，是自作孽而來的，自找的。无妄卦的綜卦是大畜卦（䷙），大畜卦的錯卦是萃卦（䷬），萃卦的綜卦是升卦，兩者一體兩面。所以「阿賴耶識」跟大畜、无妄是錯卦的觀念，是萃、升。既然它是升，一定是聚起來的，因緣聚會而來。從《易經》角度來講，就是由姤卦（䷫）而萃卦（䷬），再至升卦。

姤卦初爻是虛的，是不實際存在的，是因緣所生，就是從「無明」到「老死」。初爻是虛的，因緣就聚會，所以姤卦有了「天下有風」的風吹草動，五陽下一陰生，就會造成萃聚的局面。人有緣就聚在一起，身心世界也是一樣。一聚在一起，就創造一個升的假象，有可能是泡沫，有一天泡沫破碎了，才發現不是真的。不斷地升，不斷地翻湧，很唬人，很像一回事，但是「升而不已必困」。如果它是真的，後面怎麼會是困卦（䷮）呢？真的東西是經由復卦的路線而來，復卦（䷗）就是姤卦的錯卦，「復」是本心，「姤」是因緣。換句話說，所有這些東西，包括第八識，都是由姤生出來的，因為萃聚到一塊，「精氣為物」，可是總有一天「遊魂為變」，有聚就有散。復卦的本心，那是金剛心，你看，復卦的下面是很結實的，只是你別走錯路子，所以後面是无妄卦，无妄就全真。再往下面如果守住了就大畜，「大畜」也是一個無形的倉庫，裝的都是真的東西，不是虛假的，是剛健、篤實、輝光的東西。

可見，面對這些緣生的東西，要看破，要發現它有虛假的層次，很多人在山窮水盡之後，才會懂得從根本來。困卦後面的井卦（䷯）就是開發自性，自性才能生萬法，才能洗心革面。革就不一樣了，因為從假悟到了真。這就是困卦而井卦（䷯），再到革卦（䷰）。井卦就是開發自性，自性是汪洋大海，就是《心經》講的不增、不減。所有一切眾生如同地下水，開發出來，就是修行成功。絕大部分眾生沒有辦法把佛性開發出來，難道佛性就不存在嗎？非也，它是沒有開發出來。有人開發出來就是「井洌，寒泉食」（意思是，井水新鮮甘潔，清涼寒爽，可以食用），沒開發出來就是「井泥不食，舊井無禽」（意思是，滿是淤泥的井水不能食用，舊的水井沒有禽獸光顧）。難道說水沒開發出來，就代表下面沒有水嗎？當然不是，水是一定有的，而且是無窮無盡的。「改邑不改井」，只是開發出來和沒開發出來；開發出來就是佛菩薩，就是聖賢；沒開發出來就是眾生，繼續輪迴，繼續受苦。可是眾生有佛性，只是藏得很深，沒有開發出來，就像復卦的核心種子藏在地底下一樣。

《易經》下經很多卦走的是虛的路子，像姤、萃、升、困、井；而上經因為復卦經歷剝卦之後，把所有的假象，如五蘊皆空，統統剝掉，顯現的是見真實的復卦。「復」之後一旦重新站穩，便是接觸真實究竟，往下走當然就是「无妄」、「大畜」，都是實的。所以，升卦中有「升虛邑」，无妄卦、大畜卦就強調剛健、篤實。

從這個角度講，假定我們把升卦定位在最深層的第八識「阿賴耶識」，往前推它是姤、萃，跟「十二緣生」是有關係的，那麼這一因緣聚會是怎麼來的呢？就是復卦，即本心變出來的。因為六爻全變的錯卦，觸類旁通變出來的。這就叫自性隨緣。「自性」就是復卦，「隨緣」就是姤卦，復卦六爻全變成姤卦，一隨緣下面就「萃」、「升」，有了「阿賴耶識」之後，什麼東西都跑出來了，其他的一切全部都變出來了。所以，「阿賴耶識」是要你回頭，慢慢去探，探到「姤」，探到緣生，再看能不能回到「復」。

## 還滅門和流轉門

至於「十二緣生」不太可能細講，有興趣的人自己去琢磨。始於「無明」，沒有光明，一下糊塗、一念之差，就墮入輪迴，形成連鎖反應。「無明」就顯現「緣行」，「緣」就是姤卦的概念，「行」就「緣識」，又出現「識」了，然後就是「名色」，包括生命的誕生，我們的身心形成，進入生老病死的輪迴。「行緣識」，識緣「名色」，名色緣「六入」，「六入」緣「觸」，「觸」緣「受」，「受」緣「愛」。「愛」在佛經中一般都不是好的意思，是讓我們受苦的。「愛」緣「取」，取象，近取諸身，遠取諸物，其實不真。這一「取」就「有」，就是我們通常的執著於「有」，有了之後，下面就走「生」、「老死」的軌道。等到生老病死消盡之後，又回到「無明」。

這就是「十二緣生」的輪迴。它是從「無明」開始，就像黑暗的感覺，又稱「流轉門」。生老病死又無明，這一輩子、下一輩子，這就叫流轉。如果這樣，人生就很苦了，就好像旋轉門一樣，我們通常是走進去的，要在裡邊流轉；要是完全沒有反省，就一直在裡邊轉，一直出不去。那麼該如何從這種業力虛妄的流轉之中掙脫呢？那就是「還滅門」。《易經．繫辭傳》稱：「知來者逆，是故《易》逆數也。」「逆」就是反推。從道也好，修佛也好，所有的這些帶給我們很多痛苦的假象，我們要反推，它是怎麼來的；要追根究柢，然後我們要如何修，把這些滅掉，然後回到根本，即從輪迴之中解脫，最後把「無明」都滅掉，這就叫「還滅門」。對於「滅」不要害怕，「滅」就是乾卦，就是金剛心，那些平常圍繞我們的層出不窮的困擾，因為「滅」，在剛健中正純粹精的乾卦中，沒有了。如果我們對乾卦有信心，就不要怕佛教的「滅」，「滅」就是去掉那些虛妄的東西，滅掉虛妄的東西之後，真實自然就呈現，也就是空「五蘊」。

關於「滅」，在佛教中，就是四聖諦「苦、集、滅、道」之一。「滅諦」，又名「盡諦」，滅謂滅二十五有，寂滅涅槃，盡三界結業煩惱，永無生死患累。也就是說「滅」為滅惑業而離生死之苦。其他的三諦，「苦」為生老病死，「集」為集聚骨肉財貨，「道」為完全解脫實現涅槃境界的正道。用《易經》的話來說，「滅」就是乾卦，是剛健的。就像佛經的咒也是乾卦，是天籟，是「元亨利貞」的。還有阿彌陀佛的淨土世界是「飛龍在天」，乾卦的君位，爻變是大有卦，即大家都可以去。能夠健而不毀滅，這就是「還滅門」，把「流轉門」倒過來。追根究柢，我們為什麼會這麼苦？追問到最後會發現，要從「滅」突破，它的輪迴我們可以看成是平面，一旦我們悟道、跳脫，就不在那個平面上了，有點像復卦的螺旋形。螺旋形是立體的，中間有一個主軸，使你越來越往上，等轉到上一圈的時候，下面低層次的執著就不是困擾了，這就是《易經》中復卦的力量。

「還滅門」，就是「十二緣生」帶給你的滅，帶給你的痛苦，既不真實，又讓你冤枉受苦，佛法就提供這樣的智慧讓你去觀照、熄滅它。有滅就有生，假的滅了，真的就生了；煩惱滅了，智慧就生了。很難用另外一個中文詞彙來表示這個觀念，一講「滅」大家都害怕，一旦根源的「無明」都滅盡了，一個接一個都得滅掉。《心經》後面的「無明盡」，「盡」就是滅的意思，沒有了，用完了。所以，「無明盡」就是「無明滅」。「無明」如果盡，「行」就盡，「識」就盡，一直到最後，生老病死統統都滅、都盡。如果你從根上把它滅掉，即擒賊擒王，這就是「還滅門」，是教我們怎麼修。「流轉門」就是我們與生俱來都在裡面轉，要是不甘心被帶動轉，那就回頭，把轉的東西弄掉，然後追本溯源，即修行，還是「還滅門」。無明盡、無明滅，根本滅了，「十二緣生」統統瓦解，超脫輪迴，提升到智慧的境界。

## 順觀、逆觀

「順觀」是「十二緣生」的緣起，即「順觀染緣起」，都是有污染的，是染了色的，是假象，像賁卦（䷕）的色相一樣五顏六色，有污染，有習氣。修道的人就得「逆觀」，「逆觀淨緣起」，逆流而上倒推回去。一旦「逆觀」，一個一個滅掉，染就變乾淨。《易經．說卦傳》云「數往者順，知來者逆」，就是順觀、逆觀。知道未來就逆，「是故，《易》逆數也」。也就是說，《易經》是以逆料未來為主的，逆的東西尚未發生，還可以趨吉避凶，靠著自己的修為扭轉。不然，談過去有什麼意思呢？已經過去了。「順數」是為了幫助我們掌握「逆數」，「逆數」可以當成修行，道家的修行，佛家的修行，儒家的修行，都是返回頭去找根本。「逆數」是講我們順著生命的業力流轉，往上面修，所以「為道日損，損之又損，以至於無為」（《老子》）。只要接觸到本，絕對會知道未來，掌握未來就顯得容易了。像佛不管過去多久的事情，未來多遠的事情，都看得清清楚楚。「如來悉知」，因為他知道本，就是掌握了「逆」。

## 機緣帶動一切

機緣重要不重要呢？重要。不要看它不究竟，人生就是這些緣法帶動一切，把你捲進輪迴。《易經》中的姤卦代表機緣，從爻變的觀點來看，《易經》三百八十四爻，可以說就是從姤卦開始的。第一卦第一爻，即乾卦的初爻，「潛龍勿用」，還在潛龍的時候，爻變就是天風姤。所有這些卦爻的變化是從機緣開始的，到最後尋求解脫，即未濟卦最後一爻，爻變為解卦，就從「緣」之中解了。《易經》的爻變從姤卦開始，到解卦結束。這個解可真不容易，經過了三百八十四爻的歷練。雖然姤卦不像復卦那麼究竟，但是姤也是從復卦來的；姤卦翻轉過來，就是復卦，翻一翻，就掌握到了真相，可以見天地之心。其實，《心經》也是如此，復卦是「復其見天地之心」，《心經》是「見諸佛之心」，《心經》講的就是「三世諸佛」的心。

姤卦產生萃、升、困、井，然後到革、鼎，再到震卦（䷲）的永續不絕。再結合爻變的觀念，那更是四通八達、神妙無窮。如姤卦（䷫）第五爻爻變為鼎卦（䷱），完全是火候成熟，完全可以革故鼎新。從姤直接就可以變成鼎，不必一卦一卦來，姤卦的君位「有隕自天」，爻變為鼎卦，因為「志不捨命」，懂得「以杞包瓜，含章」的修為、智慧，然後頓悟成佛，就像「天地相遇，品物咸章」一樣。如果按照卦序姤、萃、升、困、井、革一路來，真是苦死了。「姤之時義大矣哉」，可以頓悟成佛，而我們絕大部分的眾生都是一個卦一個卦慢慢爬。不可能像六祖惠能一樣直接爻變，一下就頓悟。我們讀《金剛經》，不管多少遍還是不懂，而惠能聽到一個客商在那裡念兩句，他就懂了。人比人就是氣死人，還好這麼長久的歷史就只有一個惠能而已，心裡總算還有一點安慰。

## 聲聞、緣覺

關於「十二因緣」，一般凡夫眾生理解不了那麼多，是講給比較有修為的人、程度比我們高的人的。照著「十二因緣」的流轉還滅、去修的人，是羅漢，謂「緣覺」。這是比較高的層次，因為「緣覺」前面還有「聲聞」，就是後面講的「苦、集、滅、道」四聖諦。佛教一開始就是這樣，四聖諦針對「聲聞」，「聲聞」羅漢是怎麼回事呢？羅漢一定得參加法會，得聽大師、佛菩薩說法才能懂，沒有辦法函授的，自己看經也沒有辦法懂，這叫「聲聞」。他想到人生太苦了，而苦是怎麼來的，是很多東西集起來的，既然要修，就要把集起來造成的苦滅掉，要用「乾」剛的智慧滅掉。那怎麼滅呢？就要循著一定的道，道就是《易經》講的觀卦（䷓），要很高的境界。透過觀卦的道，「觀我生」、「觀其生」，就可以通到滅的境界，變成乾卦的金剛。可見，苦是集出來的，滅是得找到正確的道，修成的境界就是「苦、集、滅、道」四聖諦。

可見，苦是集來的，因緣所生的，好多因素湊到一起就苦不堪言，生老病死是苦，喜歡的人碰不到，討厭的人天天遇，要的東西沒有，然後又五陰熾盛，這些苦都是集來的，苦的緣由是因為「集」。既然不要這麼苦，就得找到一條道路，那就叫「道」，按照道去修，就滅了，證得滅的境界。這就是「苦、集、滅、道」，是一般眾生往羅漢走的修行之路，即「聲聞」。一定要到法會上，聽到佛菩薩講解，身教言教，帶動啟發。

另外一種就是離開老師，這就比較辛苦。有些人真的沒有機緣碰到好老師，但是他還可以自學，自己直接觀十二因緣。眾生皆有自性，根器高的，看經，自己就可以悟，就是「獨覺」、「緣覺」，屬於比較高階。因為可以自己去觀「無明」，一直到「生老病死」，本身就能夠覺悟，不需要老師指導，不一定要拜師，不需要私淑弟子、親炙弟子。有些人則一定要有老師講法的環境，因為根器不是那麼高。

## 苦逼迫、集招感、滅可證、道可修

聲聞法會，講習拜師，那是四聖諦的範疇，屬於羅漢的小乘境界。菩薩就要超過這個境界，進入大乘，《心經》是一層一層把它空掉，空掉眾生，空掉聲聞、緣覺之類，還要空掉一些菩薩自以為是的觀念，最後才能證到佛。所以，「無苦、集、滅、道，無智亦無得」等境界，就把菩薩的執著空掉。

那麼，四聖諦——「苦、集、滅、道」，我們具體瞭解一下。

「苦」是人生會感覺到一種逼迫感，山風海雨、生存壓力、個人感情等，都充滿了逼迫感。這一切壓著你，讓人覺得天地之大無所容也，沒有你的容身之地。各種苦接踵而來，這種苦的感覺，逃都逃不掉，所以「苦逼迫」最為貼切。

怎麼老是如影隨形、苦不堪言呢？因為是「集」來的，「集招感」，感應而來。人生很多感應，如果不能免疫，那麼當然會增加。這是自己招來的，也不能怪人，人生就是這樣，這邊受一點苦，那邊受一點苦，最後集到一起變成大苦。假如你不參加高考，怎麼會怕考不上呢？不是自己招來的嗎？要不追求她（他），又怎麼會失戀呢？沒有開始，就沒有結束，都是自找的。要做佛菩薩，要成聖成賢，最後沒有成功，誰叫你要去成？如果你沒想到要成，那麼失敗之苦怎麼會集呢？自己所集，不能怪誰，本來想快樂，結果發現超苦，這叫「自作孽，不可活」。《易經》解卦（䷧）第三爻則是典型的「自我致寇」，《小象傳》稱：「自我致戎，又誰咎也？」自己招來的敵人，能怪誰呢？沒法解脫，只能「負且乘」，包袱重得不得了。這就是「苦」和「集」，「苦」是果，「集」是因。

「滅可證」，「滅」就是最後要回歸《易經》乾卦的境界，是可證，即理論上眾生皆能成佛。這樣的話，就要找一個好的修行方法，即「道可修」。因為我們感覺到了苦，發現苦是集來的，想要證到滅不苦的境界，達到涅槃四德的境界（即「常、樂、我、淨」：達涅槃境界之覺悟為永遠不變之覺悟，謂之常；其境界無苦而安樂，謂之樂；自由自在，毫無拘束，謂之我；無煩惱之染汙，謂之淨）。既然要證到「常、樂、我、淨」，就要找方法，方法就是「道」，八萬四千法門，都會提供一些道，教你如何證那個滅。所以，可修的是「道」，修的結果是要證「道」，即「滅」。

這就是「苦、集、滅、道」，宏觀來講，整個佛法就是從基礎開始修，就是「知苦」，知道人生是苦的，你得承認，不要睜眼說瞎話，硬是把它說成樂。知道苦之後，就要知道苦是集來的，就要想辦法「斷集」，源頭切斷就沒事了，然後「慕滅」、「修道」。這就是了悟四聖諦——「知苦、斷集、慕滅、修道」，就這麼簡單。

人要超凡入聖，就要懂得四聖諦。關於四聖諦，我們應該聽說過「四弘願」，即「四弘誓、四弘願行、四弘行願、四弘誓願」。諸佛有總願、別願，「四弘誓願」為「總願」，一切菩薩初發心時，必發此願。以所願廣普故曰「弘」，自制其心故曰「誓」，志求滿足故曰「願」。緣四聖諦而發此四願。是哪四願呢？「一眾生無邊誓願度，是緣『苦諦』，而度無邊眾生之願也。二煩惱無盡誓願斷，是緣『集諦』，而斷無盡煩惱之願也。三法門無量誓願學，是緣『道諦』，而學無量法門之願也。四佛道無上誓願成，是緣『滅諦』，而成無上佛道之願也。」簡單來說，就是：「眾生無邊誓願度，煩惱無盡誓願斷，法門無量誓願學，佛道無上誓願成。」

「眾生無邊誓願度」，因為「苦」，不是只有你苦，眾生也苦。「煩惱無盡誓願斷」，那是「集」，聚集在一起，不把它切斷，快刀斬亂麻，怎麼行呢？煩惱無盡，眾生無邊，這就是「苦集」。「道」就是要找一些法門，「法門無量」，不是只有一種，有很多，還要看你適合哪一種，「法門無量誓願學」，就得學道。最後有可能證道，「佛道無上誓願成」，就是「滅諦」。所以我們不要害怕「滅」，這跟《易經》裡面的滅不大一樣，像大過卦（䷛）「澤滅木」，整個卦都有「滅」的陰影，剝卦的前兩爻就是「滅」，噬嗑卦（䷔）那一恐怖的弱肉強食的世界，有三個爻都是「滅」，這些「滅」是傳統漢字的意思；而佛教的滅就不須害怕，那是修行證道。

用《易經》的卦來說，「滅」是乾卦，這是我占出來的，「道」是觀卦（䷓），要觀得很深，顯示在第五爻、第六爻。「苦」是鼎卦（䷱）第三爻，爻變是未濟卦（䷿），就是說人生的火候不夠，人際也不和諧，還要降溫，「鼎耳革」，沒建設，還造成破壞，不從人願，怎麼修鼎？鼎是革故鼎新，爻變未濟，當然不夠。「集」則是小過卦（䷽）中間的兩個陽爻，三多凶、四多懼，菜鳥習道，像不像「集」？這就是用《易經》來說明「苦、集、滅、道」。

## 《易》說「色、受、想、行、識」

關於「色、受、想、行、識」，從《易經》的角度再簡單提一下。

「色」，用《易經》來問的話，就是賁卦（䷕）初爻、上爻、三爻，正是百分之百的色相。初爻「賁其趾」，裝飾腳趾；三爻「賁如濡如」，文飾得光亮潤澤；上爻「白賁，無咎」，整個色身全部展開。三爻齊變為坤卦（䷁），即「色」代表的是形形色色的一切眾生。另外，代表色相的賁卦後面緊接著剝卦、復卦，當然「色即是空」。雖然「色即是空」，可是也要在初爻到三爻到上爻的色相中打滾、參透，不即不離。如果沒有色，那麼所謂的空沒有任何意義。假如沒有「色」所代表的飲食，光吃些調味品能飽肚子？

「受」，則是代表人類文明的離卦（䷝），離如天羅地網，文明縱橫交織，也是從頭到尾，從第一爻經過最凶險的、疲軟的第三爻，再到突然毀滅的第四爻，到上爻又把網補好再來過。四爻齊變也是坤卦，這是「受」的境界。離卦這四爻，仿如我們這一生。我們在人際的天網恢恢之中，第一步看到的是一堆鞋子「履錯然」，艱難舉步，然後到了第三爻「不鼓缶而歌，則大耋之嗟，凶」，一幅老態，疲軟浩歎；第四爻則是突如其來的災禍，一切皆「焚如，死如，棄如」；上爻就恢復了元氣——「王用出征，有嘉折首」。離卦六個爻，前面的初、二、三、四爻代表承受領納人的生、老、病、死；而第五爻代表痛苦之後的重建，重建的文明再見輝煌。這樣的「受」也是眾生都會經過的。關於生老病死，《阿含經》中的「十二因緣」——無明、行、識、名色、六處、觸、受、愛、取、有、生、老死，就提到了「生」、「老死」，「十二因緣」把老死放在了一起，《心經》云：「無無明，亦無無明盡，乃至無老死，亦無老死盡。」也是把「老死」變成了一個項目。而我們一般講生老病死，為什麼呢？因為有人不必經過老，就死了。誰說老是人生必經的階段？美人怕白頭，英雄怕遲暮，那就早一點走。老跟死可以弄在一項，有人沒有經過老就死了，那就很燦爛。王弼二十三歲就死了，他永遠不老。而有的人老的時候真的是生不如死，老年癡呆，什麼人也不認識，一看家裡這麼多「客人」，其實都是他的子孫。「老死」在一起，道理就在這裡，因為有的人就是不想老，或者早夭。漢武帝的寵妃李氏，覺得自己生病的時候不夠美，就不讓漢武帝看她，這樣的話，漢武帝永遠記得的都是她美的樣子。

「想」，則是《易經》中的大畜卦（䷙）初爻、二爻和上爻。大畜卦《大象傳》稱「多識於前言往行，以畜其德」，從第一爻「有厲，利已」到第二爻「輿說輹」，再到第六爻「何天之衢，道大行也」，想像的境界可達如來，因為心能蓄一切，永遠裝不完。但是我們一輩子用到的部分很少很少，還有很多沒開發出來。三爻齊變為謙卦（䷎），謙卦也是從頭到尾很全面，涵蓋天地人鬼神，想到了各方。

「行」，為《易經》中的咸卦（䷞），對應的是二爻、五爻、上爻，那就更有動感了，遷流造作，念念不停，思慮很細。第二爻「咸其腓」，小腿有感覺了；第五爻「咸其脢，無悔」是很深層的境界；第六爻則是口感——「咸其輔、頰、舌」。三爻齊變便是革故鼎新的鼎卦（䷱）。

「識」，到這一最深的境界的時候，所謂的「阿賴耶識」，就是一個無定在、無所不在，渙散在天下四方的渙卦（䷺）的最後一爻——「渙其血，去逖出，無咎」，「遠害也」，遠害、放血，才會無咎。

關於渙卦的上爻，這裡提一下我曾經對環境汙染的提問。從《易經》的角度來說，生態污染的可控性基本上是樂觀的。五十年後，人類面對各種環境污染的處理、控制，看起來都不錯，也就是渙卦的上爻。把髒血都排出去，然後啟動新血的循環，「遠害也」，遠離汙染之害，而且是世界性的。人類再努力五十年，就會有這樣的結果。那麼，一百年之後污染的問題能不能得到有效的控制？那更好了，結果是損卦（䷨）的上爻「弗損益之」，《繫辭傳》說「損以遠害」，爻變是臨卦（䷒），結果更好了，更有火候。

下面我們再回到《心經》本文。

**舍利子，是諸法空相，不生不滅，不垢不淨，不增不減。**

「諸法空相」，即凡所有相，皆是虛妄，無我相、無人相、無眾生相、無壽者相，無法相，亦無非法相，這就是「是諸法空相」。然後是「不生不滅，不垢不淨，不增不減」，從體到用，到量，都沒有辦法，就是如此。你覺得有生滅，你覺得乾淨、骯髒，你覺得有增多、減少了，實質上完全沒有，諸法都是空相。

前面已經告訴我們，「色、受、想、行、識」都是空，而且「不異空」，而且倒過來也不異這些「色、受、想、行、識」，所以「不生不滅，不垢不淨，不增不減」。

**是故空中無色，無受、想、行、識；無眼、耳、鼻、舌、身、意；無色、聲、香、味、觸、法；無眼界，乃至無意識界。**

「是故空中無色」，空就是「色不異空」的「空」，也是「空不異色」的「空」，「空中」是無色的，就像「白賁，無咎」，當然是無色的了，參透了色相之後，證到白的境界，就知道五顏六色的色光最後都是「白賁無咎」，都在白光中。

「空中無色」，既然無色當然「無受、想、行、識」，這一點前面已經論證了，亦復如是。然後當然就「無眼、耳、鼻、舌、身、意，無色、聲、香、味、觸、法」，這是從凡夫境界開始談起，凡夫認為「色、受、想、行、識」五蘊都有，「眼、耳、鼻、舌、身、意」也有，「色、聲、香、味、觸、法」也都有，所以苦惱無邊。一旦證到空的境界之後，就會知道這些都沒有，那你還煩惱幹什麼呢？一切無色，物理學說光跟波長有關，不同的波長就顯現不同的色、不同的光，波長變了，光色就變了。而人有時候會「褪色」，前面提到的漢武帝寵妃李氏，擔心的就是「色衰愛弛」，失去武帝的寵愛。既然色會衰，其他的「聲、香、味、觸、法」也一樣，所以「無色、聲、香、味、觸、法」，「無眼、耳、鼻、舌、身、意」，無根無塵。

「無眼界，乃至無意識界。」眼、耳、鼻、舌、身、意都有識，佛教有所謂的「十八界」，即佛教以人的認識為中心，對世界一切現象所作的分類；或說，人的一身即具此十八界，包括能發生認識功能的六根（眼界、耳界、鼻界、舌界、身界、意界），作為認識對象的六境（色界、聲界、香界、味界、觸界、法界）和由此生起的六識（眼識界、耳識界、鼻識界、舌識界、身識界、意識界），眼、耳、鼻、舌、身、意都有識。

其實我們常講的這些東西，對中國文字影響很大，像「大開眼界」、「六根不淨」，這些都是受佛教的影響，是佛教名詞。換句話說，秦漢以前的人絕對不會講這樣的話，絕對不會說耳根不清淨，很多的歷史小說就常犯這樣的毛病，那個時代沒有這樣的詞語，作者們偏要自以為是。我們的成語，有些是典故，有專屬的時代，並非脫離時代的。這種時代笑話，在當今的文藝界可謂不少，尤其是那種歷史劇，步步都是文字的陷阱，有時候編劇把皇帝的謚號都用作君王活著的時候的稱呼，殊不知謚號都是君王死後所擬。現代人寫歷史小說、編歷史劇，這一點一定要注意，尤其是關係到佛教用語，不然鬧出笑話就難堪了。

「無眼界」，眼根碰到色就成東西；「乃至無意識界」，又是把「六識」給省略了，濃縮成講頭、講尾，因為「眼、耳、鼻、舌、身、意」都有界，「無眼界」就是「無耳界」，所以中間省略，「乃至無意識界」。

「眼、耳、鼻、舌、身、意」這六個界都沒有，還是在凡夫境界，剝除我們凡夫的煩惱。「乃至無意識界」，下面的就不是了，下面就到了「十二因緣」，即「十二因緣」。

**無無明，亦無無明盡，乃至無老死，亦無老死盡。無苦、集、滅、道，無智亦無得。**

「無無明」，「十二緣生」之首，故事是這麼開始的，業力輪迴是從「無明」開始。可是「無明」本來就沒有，要把它斷掉，一念「無明」就墜落受苦，輪迴啟動。我們一般人認為是被「無明」觸動，那些修行的人認為要把「無明」滅掉，即「無明盡」，但是既然沒有「無明」，怎麼會有「無明盡」呢？要把「無明」滅掉，因為「無明」搗蛋，靠著種種小乘的修行方式把「無明」滅掉，把它耗盡、用完，讓它不搗蛋、不作怪，可是這種修「無明盡」也是執著，因為連「無明」都沒有，怎麼會有「無明盡」呢？沒有生，哪裡來的滅呢？如果不競選，怎麼會怕落選呢？

「乃至無老死，亦無老死盡」，人覺得「老死」太苦了，其實沒有「老死」，也沒有說要從「老死」中擺脫，要滅掉「老死」。這裡從「十二因緣」的首直接跳到尾，第一個是「無明」，第十二個是「老死」，「老死」完又「無明」，是不是這個輪迴？意思就是說中間那十個因緣統統都沒有。所以《心經》就取巧，文字精簡。如果「十二因緣」一個一個都講完，馬上膨脹好多倍。每當看到《心經》，我就非常佩服《易經・雜卦傳》的作者，兩三個字就蘊藏無盡的密碼，沒有說「亦復如是」，也沒有說「乃至」，就把六十四個卦給處理完了。

「無無明，亦無無明盡」，修行的人往往自以為比較高，其實都是半吊子的傢伙，本來都沒有，還滿當回事，拿來誇口，覺得自己不錯。其實是「無無明」，要消滅的對象本來就沒有，這個消滅也就沒有了。「無無明，亦無無明盡，乃至無老死，亦無老死盡」，道理都一樣，生死恐怖顛倒夢想，皆可作如是觀。這是《心經》從高層觀照。如果「無無明，亦無無明盡，乃至無老死，亦無老死盡」，是不是以此可以類推：「無行，亦無行盡；無識，亦無識盡；無有，亦無有盡，無愛無取無有……」

現在讀的《心經》版本是玄奘的譯作，以他的文字修養、修行境界而言，確實精簡，半句廢話都沒有，該講的東西全在裡頭。好，我們繼續。

「無苦、集、滅、道」，剛剛是「十二因緣」空掉，現在又要把「苦、集、滅、道」也空掉。「四聖諦」和「十二因緣」，其實只是一個方便法門，是一個階段性的東西，在本質上並不究竟，不要執著，更不要半途而廢、自以為是，所以「無」掉「十二因緣」之後，就要「無苦、集、滅、道」這個「四聖諦」了。「四聖諦」講「苦、集、滅、道」，《心經》說沒有，當時是為了要接引初學的人，才講「苦、集、滅、道」，到了高境界的時候還談什麼「苦、集、滅、道」呢？就像《易經》中的觀卦到了「觀國之光」的時候，再去講婦人的「闚觀」——隔著門縫觀，以及「童觀」——小孩子的觀，就沒有意義了。對進入高層次的人來講，「苦、集、滅、道」已經不構成問題了。所以要從更深的、更根本的究竟去看那些淺層次的，這些歷程當然是無，用完了就丟。隨卦（䷐）剛開始「係小子，失丈夫」、「係丈夫，失小子」，到隨卦最後一爻時，還要管什麼第二爻、第三爻的糾纏？過了河就把橋拆了，到了隨卦上爻就與道合一：「拘係之，乃從維之，王用亨於西山。」

要一個、丟一個，那就是過程。在眾生的時候想追求羅漢境界，到了羅漢境界的時候就不去思考眾生的，就要想菩薩境界，到了菩薩境界時，那些都不成問題了，因為他經歷過，所以包容、瞭解，能夠跟眾生結緣。因為他是過來人，他有時候也會考慮眾生的程度，還是講「四聖諦」、「十二因緣」等，其實對菩薩來講，這些都是不存在的。等到佛的境界時，菩薩的什麼智慧也不存在。可見，要跟程度還不到的人講道理，講得太高層次，那個緣就接不上了，就沒有布施的慈悲。也就是說，你有智慧，但沒有慈悲。在高處不肯下來現身說法，因應眾生，何談慈悲、布施？超脫有無，是智慧的境界；再回頭，又說要超脫空，不願意自己躲在空裡頭，那是慈悲的境界，這就是「悲智雙運」，即如來的大悲心和大智慧同時運作，同時運用大悲心和大智慧利益眾生。有人很有智慧，沒有慈悲；有人看起來是蠻有慈悲的，可是就沒有智慧。

「無智亦無得」，也是如此，沒有到究竟，以前的東西都是過渡，都是暫時的方便，所以不要執著，「無智亦無得」，不增不減。

以無所得故，菩提薩埵，依般若波羅蜜多故，心無罣礙。無罣礙故，無有恐怖。遠離顛倒夢想，究竟涅槃。

「以無所得故」，本質上就是沒有所得，有所得就完蛋了，《金剛經》云「菩薩應無住生心，無所住而生其心」，還要「無所住而行於布施」。有所住變得有限，馬上就出問題了。「無智亦無得」，你不要不服氣，因為根本就無所得。怎麼會有所得呢？已經談到這個境界了，假定這些東西都超脫，就不會只待在菩薩自以為是「智」的境界了，上面就直接要去佛境了。

「菩提薩埵」，就是菩薩全名。「依般若波羅蜜多故」，《金剛經》也好，《壇經》也好，都是一個套路，以最高的渡彼岸的妙智慧利涉大川，有什麼好處呢？已經超脫了前面「無智亦無得，以無所得故」，然後菩薩要依最高的「般若波羅蜜多故，心無罣礙」，「無罣礙故，無有恐怖」，就「遠離顛倒夢想」，就證得「究竟涅槃」。注意，不是「遠離究竟涅槃」。遠離了，沒有罣礙，心就沒有罣礙。《易經》中講的卦爻，其實就是有罣礙在先，所以我們才要找答案，要去思考。層出不窮的問題，積爻成卦，心有千千結，老是懸而未決，老是掛在那邊沒有解決，於是牽腸掛肚，當然就有礙、有疑，等到超脫了，都解決了，卦辭爻辭都寫出來了，什麼都跑出來了。經出來了，傳出來了，理論上來說，寫《雜卦傳》的人就心無罣礙了，他一層一層超越，連自然的卦序都可以重新調整。六十四卦「乾、坤、屯、蒙、需、訟、師」一路下來，這是高智慧，可是「無智亦無得」，為什麼只有這種方式呢？可不可以「乾剛坤柔，比樂師憂」呢？

《雜卦傳》的作者就敢，因為心無罣礙，卦序排出來是智，為什麼就不能超越呢？「無罣礙故」，就「無有恐怖」，生死是最大的恐怖，「無有恐怖」，就「獨立不懼，遯世無悶」，「遠離顛倒夢想」，這不就是「大過，顛也」的非常境界？「究竟涅槃」，這些統統都超越，過著觀自在的生活，自由自在，心無罣礙。

「究竟涅槃」，就是超越那些「變易」，透過「簡易」證得了「不易」，諸法無我，諸性無常，最後就涅槃寂靜。

## 三世諸佛，依般若波羅蜜多故，得阿耨多羅三藐三菩提。

下面就從菩薩到了「三世諸佛」，一層一層往上。我們一再講「諸佛」，這個詞特別美，說明佛不是有人能夠壟斷的，不是一個，可以是無量數。就像《易經》乾卦所說的「群龍無首」一樣，龍不是一個。佛也不是一個，是諸佛，有為者亦若是，皆可成佛。所以如果往未來看，眾生都有可能是未來佛，那這樣的人生就充滿了希望。這一點不管從任何角度講，跟基督教的思想完全不同，基督教的上帝絕對不能講「諸帝」，人再怎麼修也不會變上帝，不像人可以修成佛。

「諸佛」沒有限量，就看你的本事了。「三世諸佛」，他們也是「依般若波羅蜜多故」，因為前面的菩薩「依般若波羅蜜多故」就會無罣礙、無恐怖，「遠離顛倒夢想」，證得「究竟涅槃」。連菩薩都還有顛倒夢想，可見，不同的層次就有不同的魔來考驗你，最後一步一步登高到了巔峰。不但菩薩如此登峰造極，「三世諸佛」也如此，都是依據最高的渡彼岸的妙智慧，就能夠證得「阿耨多羅三藐三菩提」這一無上正等正覺境界，即最高的智慧覺悟。梵語中，「阿耨多羅」是「無上」之意（「阿」

為無，「耨多羅」為上），「三藐」是「上而正」之意，「三菩提」是「普遍的智慧和覺悟」。

**故知般若波羅蜜多，是大神咒，是大明咒，是無上咒，是無等等咒，能除一切苦，真實不虛。**

後面就接到咒語了，前面這些還都是給我們講理論，一層一層剝除我們的成見。講有更高的，有可以超越的，不必背那麼多包袱、恐怖而活著，不要顛倒，放下罣礙。這些都是從理論來講，能不能說服我們自己都不知道。有些人天生看到理論就頭暈，那麼前面都白講了。所以觀音菩薩不講了，直接用密法，直接用聲音來度你。所以，有的人啥經也沒看，一天到晚念佛，一樣去淨土世界。而那些哲學教授、佛學教授什麼經都讀了，可能還是沒有到涅槃境界。

有人是靠理論的部分就能夠通，有人就只能靠咒了，咒就是密，就不顯。佛咒千萬不要小看，我曾經用《易經》占問，佛咒是乾卦第五爻，也就是說，念阿彌陀佛也可以「飛龍在天」，人人都可以去。從這個角度講的話，很多專業知識、掉書袋，統統可以休矣。咒是佛教精煉的東西，不懂文字沒有關係，用佛咒這一天籟直接帶你去，但是心要虔誠。所以《心經》不能只靠前面，還要有後面的念咒。

「故知般若波羅蜜多」，談的「大神咒，是大明咒，是無上咒，是無等等咒」，然後還保證，不要懷疑，「能除一切苦，真實不虛」。前面講「照見五蘊皆空，度一切苦厄」，這裡「能除一切苦」，又來照應了。講了這麼多，就是告訴你要持咒，「般若波羅蜜多」是「大神咒」，是「大明咒」及「無上咒」，還有是「無等等咒」，簡直是拿不到什麼東西來跟它比了，它就是妙品、神品，這就給人以信心。觀音菩薩前生曾經是佛，他就是正法明佛、古佛再來，前輩子做釋迦牟尼的老師，這一輩子來幫著弘法。

值得注意的是，「大神」和「大明」，這兩者意義不同。學過《易經》就知道，「神」跟「明」不同，「神」是從天道自然本質來講的，「神無方而易無體」、「陰陽不測之謂神」。而「明」是從人文講的，「大明終始，六位時成」，「大人以繼明照於四方」。簡單講，就是天神、人明，不是「神明」，神明就是天人合。「一陰一陽之謂道，繼之者善也，誠之者信也」，「仁者見之謂之仁，智者見之謂之智」，一直推到最後，結論就是「陰陽不測之謂神」，神是道的自然的最高境界，匪夷所思。無方無所，無定在，無所不在。「明」是我們從人來修的，眾生皆有佛性，與生俱來，但是一定要下功夫。

用咒這一最精煉的形式，不懂沒有關係，「能除一切苦」，從凡夫到菩薩都有苦，都有顛倒夢想，都還沒有完全去乾淨，這些通通可以除掉，而且「真實不虛」。也就是說，「般若波羅蜜多」是絕對真實的，沒有虛構，不是假象，是究竟真實的東西，可以直探天地之心。

**故說般若波羅蜜多咒，即說咒曰：揭諦揭諦，波羅揭諦，波羅僧揭諦，菩提薩婆訶。**

下面就告訴我們簡單的咒語，即「般若波羅蜜多咒」，總共只有十八個字。假設我們相信它是大神，是大明，是無上，是無等等，念了這個咒，別的咒都不要念了，這個最好，它能除一切苦，真實不虛，是萬靈丹。

「故說般若波羅蜜多咒，即說咒曰」，要把咒的內容告訴我們。十八個字，超精簡：「揭諦揭諦，波羅揭諦，波羅僧揭諦，菩提薩婆訶。」這到底是什麼意思？雖然是咒語，其實也可以翻譯的，就是叫大家一起去彼岸。我們把它們變成白話——

「揭諦揭諦」，就是去啊去啊。「波羅揭諦」，到彼岸去啊。「波羅僧揭諦」，大家都去啊。一個人去怪無聊的，朋友都沒去，爸爸媽媽也沒去，你去那邊幹什麼呢？所以說大家都去，因為眾生都能成佛。「菩提薩婆訶」，願意正覺的，就速即成就。可見，《心經》到最後，觀音菩薩說，我已經跟你講了那麼多了，應該到位了，現在覺悟了，接受這個咒的祝福，快去快去，不但要去，還要大家一起去，趕快去，才能夠很快成就。

最後提到了速，這就是菩薩心，真的是大慈大悲：「去啊去啊，到彼岸去，大家都去啊，願意正覺的，就速即成就。」先在你尋求解脫的時候，把包袱拋掉，那非緩不可，因為沒有人有那麼高的根器和機緣，但是等到不能慢了，就要快，而且大家都去，趕快解脫。當然這些咒，也可以沒有意思，也可以有無盡的意思。為什麼要音譯而不意譯，道理也在這兒。意譯了之後，念了沒有用，咒是靠聲音成就的，「般若波羅蜜多」哪一個字是意譯過來的，沒有，就是聲音，「揭諦揭諦，般若揭諦，般若僧揭諦，菩提薩婆訶」，連「菩薩」都是音譯，不是意譯，要保留原來的聲音，就像豫卦（䷏）的「作樂崇德」，可以通上帝。

## 無明

《心經》的本文講完了。我們再就幾個重要的概念，結合《易經》闡述一下。

首先是「無明」，接觸佛教的應該都曉得無明這個名詞，它是作怪的源頭。《易經》中，「無明」到底用什麼爻象、卦象來表現呢？第一個就是升卦（䷭）的第三爻「升虛邑」，爻變是師卦（䷆），這就印證了「無無明」，因為整個都是假的，是人造作出來的海市蜃樓，是幻城，大家都「升虛邑」，大家都有「無明」，要修的話，就要如師卦所說「能以眾正，可以王矣」。

還有一個是大過卦（䷛）的第二爻，啥也沒有，是自己嫁接過來的，即移花接木，大過第二爻「枯楊生稊」，莫名其妙冒了一個新芽，那就是「無明」，突然出來了，然後就是老夫少妻，爻變是非常之感的咸卦（䷞）。大過是非常，爻變是咸，即每個人都有，都是枯楊突然冒出新芽來了，「大過，顛也」，不是顛倒夢想是什麼？

## 顛倒夢想

《心經》要我們「遠離顛倒夢想」，那什麼是顛倒夢想呢？《易經》告訴我們，「顛倒夢想」就是大壯卦（䷡）第三爻「羝羊觸藩，羸其角」，大壯卦動輒得咎，因為人血氣方剛，有感情衝動，就像發情的公羊頂著一個角就要往前衝，結果把角也碰壞了，還是沒有辦法突破。這就是我們所在的宇宙人生限制多多，想衝就卡死了，還受傷。大壯第三爻灰頭土臉，難過得很，爻變是歸妹卦（䷵）。大壯卦是男性春情發動，而歸妹卦就是女性春情發動，都是情欲的衝動，統統「征凶，無攸利」。這就是顛倒夢想，我們一旦有顛倒夢想，就會變成那個發情的公羊，都想往前衝，結果就受傷。

如果要遠離顛倒夢想呢？就要如蹇卦（䷦）那樣「反身修德」，蹇卦的三與五同功而異位，三爻「往蹇來反」，就是叫我們反身修德。我們的人生為什麼寸步難行呢？就是因為人生的蹇，所以才要尋求解脫。蹇卦的另外一面就是解脫的解卦（䷧）。為什麼要解，因為有蹇，在蹇卦本身要怎麼解脫呢？就要思考蹇卦卦爻所說的。《大象傳》說「反身修德」，第三爻是「往蹇來反」，也是「反身修德」。五爻是「大蹇朋來」，爻變是謙卦（䷎）。也就是說，如果做到了三爻的「反身修德」，就有五爻的「大蹇朋來」，天地人鬼神都會助你，那就遠離了顛倒夢想。

## 究竟涅槃

既然遠離了顛倒夢想，就到了「究竟涅槃」，那什麼叫「究竟涅槃」呢？答案是巽卦（䷸）的第二爻和第五爻。第五爻是「無不利」，「先庚三日，後庚三日」，「無初有終」，整個脫胎換骨，到了第五爻就是人參透天命了，能夠如《大象傳》所說「隨風，巽。君子以申命行事」，和《彖傳》所說「重巽以申命」，深入再深入，低調再低調，謙卑再謙卑。第二爻則是修行的過程，想「究竟涅槃」，想到第五爻，「巽在床下，用史巫紛若，吉無咎」，才能跟第五爻相應，最後脫胎換骨，參透天命。

## 無明盡

「無明盡」也有意思，因為那些中等修行的人覺得「無明」太苦了，是「升虛邑」，是枯楊生小芽，所以他要借著「十二因緣」，借著「四聖諦」，要「無明盡」，把「無明」滅掉，可是《心經》說「亦無無明盡」。也就是說，這些中等修行的人，想要把「無明」的源頭滅掉，其實他還是在困境中，要怎麼修？靠困卦（䷮）的第二爻、第五爻修行，二、五也相應，要清淨心，二爻因為「困於酒食」，那種情況下啥也不行，那就「利用享祀」；第五爻則要到更大的廟去祭拜，因為搞得灰頭土臉——「劓刖」，滿身罪業，「困於赤紱」，成罪犯了，然後「乃徐有說」，要「利用祭祀」才可以受福。困卦第五爻如果當下真做到了，馬上就自己解脫，因為困卦第五爻爻變就是解卦，不需要靠別人。可見，「無明盡」的境界，不是最高境界，因為還在困，坐禪那些形式就是「利用祭祀、利用享祀」。

# 附錄

# 歷代名家心經書法

般若波羅蜜多心經

沙門玄奘奉詔譯

觀自在菩薩行深般若波羅蜜多時
照見五蘊皆空度一切苦厄舍利子
色不異空空不異色色即是空即
是色受想行識亦復如是舍利子是
諸法空相不生不滅不垢不淨不增
不減是故空中無色無受想行識無
眼耳鼻舌身意無色聲香味觸法
無眼界乃至無意識界無無明亦無
無明盡乃至無老死亦無老死盡無

懷仁集東晉書法家王羲之《心經》書法。

苦集滅道無智亦無得以無所得故
菩提薩埵依般若波羅蜜多故心無
罣礙無罣礙故無有恐怖遠離顛倒
夢想究竟涅槃三世諸佛依般若波
羅蜜多故得阿耨多羅三藐三菩提
故知般若波羅蜜多是大神咒是大
明咒是無上咒是無等等咒能除一
切苦真實不虛故說般若波羅蜜多
咒即說咒曰揭諦揭諦般羅揭諦般
羅僧揭諦菩提莎婆訶

般若波羅蜜多心經
觀自在菩薩行深般若波羅蜜多時照見
五蘊皆空度一切苦厄舍利子色不異空
空不異色色即是空空即是色受想行識
亦復如是舍利子是諸法空相不生不滅
不垢不淨不增不減是故空中無色無受
想行識無眼耳鼻舌身意無色聲香味觸
法無眼界乃至無意識界無無明亦無無
明盡乃至無老死亦無老死盡無苦集滅
道無智亦無得以無所得故菩提薩埵依

歐陽詢（後世稱歐體）《心經》書法。

般若波羅蜜多故心無罣礙無罣礙故無
有恐怖遠離顛倒夢想究竟涅槃三世諸
佛依般若波羅蜜多故得阿耨多羅三藐
三菩提故知般若波羅蜜多是大神呪是
大明呪是無上呪是無等等呪能除一切
苦真實不虛故說般若波羅蜜多呪即說
呪曰　揭帝揭帝波羅揭帝
　波羅僧揭帝菩提薩婆訶
般若波羅蜜多心經

貞觀九年十月旦日率更令歐陽詢書

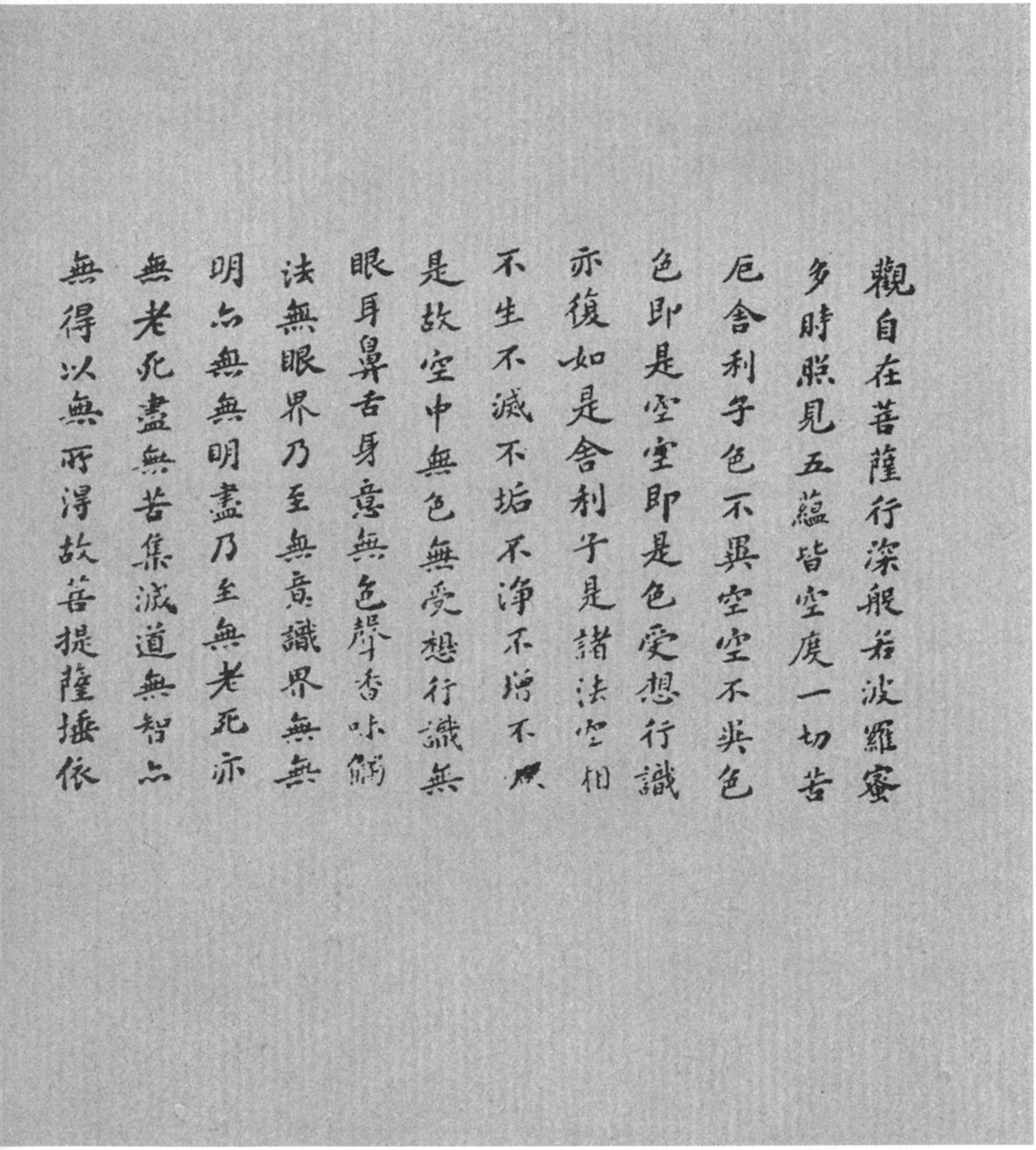
觀自在菩薩行深般若波羅蜜
多時照見五蘊皆空度一切苦
厄舍利子色不異空空不異色
色即是空空即是色受想行識
亦復如是舍利子是諸法空相
不生不滅不垢不淨不增不減
是故空中無色無受想行識無
眼耳鼻舌身意無色聲香味觸
法無眼界乃至無意識界無無
明亦無無明盡乃至無老死亦
無老死盡無苦集滅道無智亦
無得以無所得故菩提薩埵依

北宋詩人、文學家蘇東坡《心經》書法。

般若波羅蜜多故心無罣礙無
罣礙故無有恐怖遠離顛倒夢
想究竟涅槃三世諸佛依般若
波羅蜜多故得阿耨多羅三藐
三菩提故知般若波羅蜜多是
大神呪是大明呪是無上呪是
無等等呪能除一切苦真實不
虛故說般若波羅蜜多呪即說
呪曰
揭帝揭帝　波羅揭帝
波羅僧揭帝　菩提薩婆訶
佛說般若波羅蜜多心經
蘇軾書

般若波羅蜜多心經
觀自在菩薩行深般若波羅蜜
多時照見五蘊皆空度一切苦厄
舍利子色不異空空不異色色即
是空空即是色受想行識亦復
如是舍利子是諸法空相不生不滅
不垢不淨不增不減是故空中無
色無受想行識無眼耳鼻舌身
意無色聲香味觸法無眼界乃
至無意識界無無明亦無無明
盡乃至無老死亦無老死盡無
苦集滅道無智亦無得以無所

元代書畫家趙孟頫《心經》書法。

得故菩提薩埵依般若波羅蜜
多故心無罣礙無罣礙故無有恐
怖遠離顛倒夢想究竟涅槃
三世諸佛依般若波羅蜜多故
得阿耨多羅三藐三菩提故知
般若波羅蜜多是大神咒是大
明咒是無上咒是無等ゝ咒能除一
切苦真實不虛故說般若波羅
蜜多咒即說咒曰
揭諦揭諦　波羅揭諦
波羅僧揭諦　菩提薩婆訶
般若波羅蜜多心經
弟子趙孟頫奉為
本師中峯和尚書

般若波羅蜜多心經
觀自在菩薩行深般若波
羅蜜多時照見五蘊皆空
度一切苦厄舍利子色不異
空空不異色色即是空空
即是色受想行識亦復如
是舍利子是諸法空相不生
不滅不垢不淨不增不減是
故空中無色無受想行識無
眼耳鼻舌身意無色聲
香味觸法無眼界乃至無意
識界無無明亦無無明盡乃
至無老死亦無老死盡無苦
集滅道無智亦無得以無所
得故菩提薩埵依般若波

明代詩畫家文徵明《心經》書法。

羅蜜多故心無罣礙無罣
礙故無有恐怖遠離顛倒
夢想究竟涅槃三世諸佛
依般若波羅蜜多故得阿
耨多羅三藐三菩提故知
般若波羅蜜多是大神咒
是大明咒是無上咒是無等
等咒能除一切苦真實不
虛故說般若波羅蜜多咒
即說咒曰

揭諦揭諦　波羅揭諦
波羅僧揭諦　菩提薩婆訶

般若波羅蜜多心经

嘉靖二十年歲在辛丑
七月八日玉蘭堂書

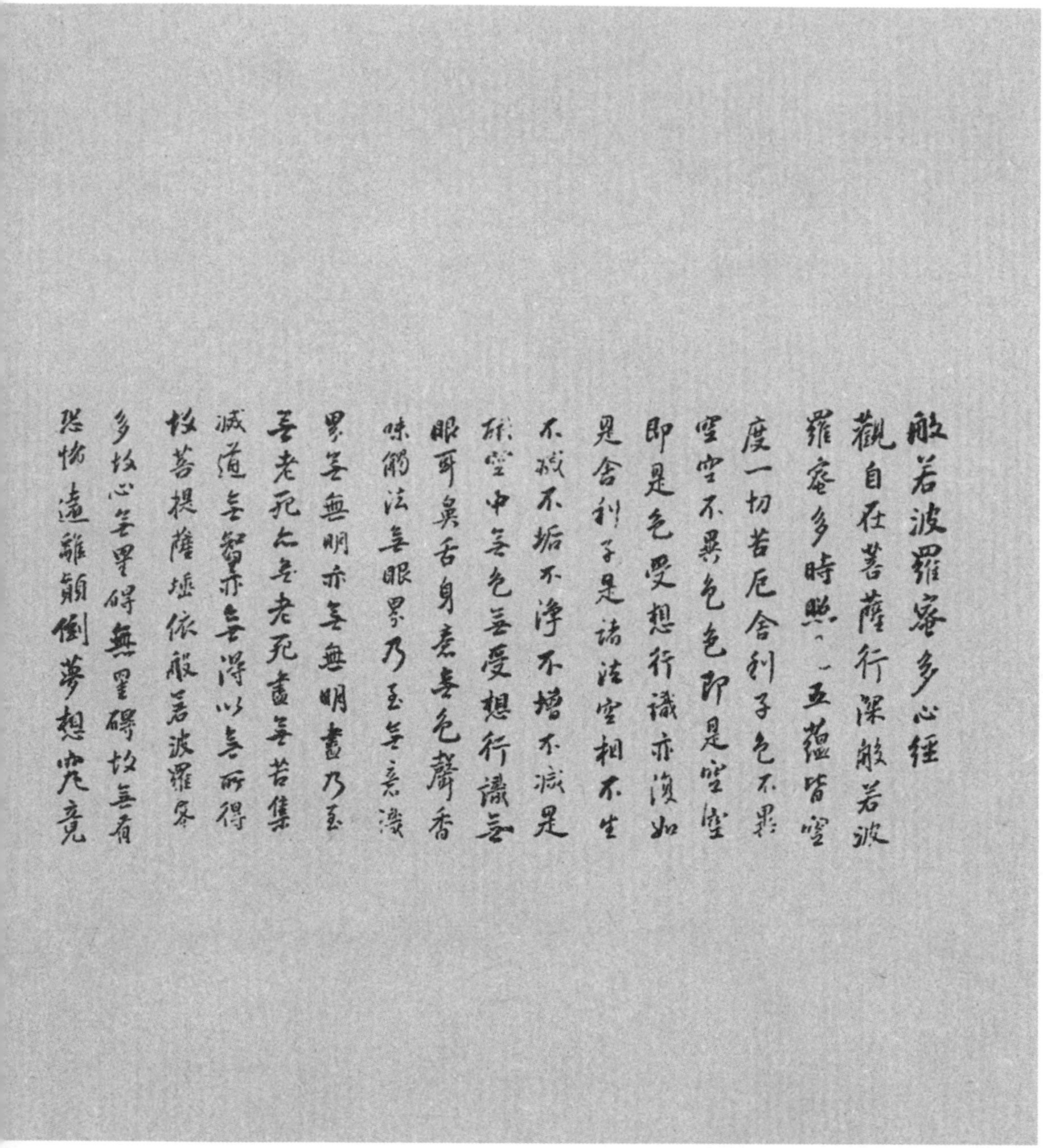

明代董其昌《心經》書法。

涅槃三世諸佛依般若波羅
蜜多故得阿耨多羅三藐三
菩提故知般若波羅蜜多是
大神咒是大明咒是無上咒是無等
等咒能除一切苦真實不虛故說般
若波羅蜜多咒即說咒曰
揭帝揭帝 波羅揭帝
波羅僧揭帝
菩提薩婆訶
般若波羅蜜多心經
少司空李公夙植德本皈心正覺
屬書此經蓋六百卷般若之心宗
米海岳曾有石刻傳世頗訛舛
字余為訂正仍以米法書之聊与
公結一般若眷屬緣也
崇禎六年歲在癸酉嘉平
九月 董其昌書于長安邸中

般若波羅蜜多心經
觀自在菩薩行深般若波羅蜜多
時照見五蘊皆空度一切苦厄舍利子
色不異空空不異色色即是空空即
是色受想行識亦復如是舍利子
是諸法空相不生不滅不垢不淨
不增不減是故空中無色無受想
行識無眼耳鼻舌身意無色聲香
味觸法無眼界乃至無意識界無
無明亦無無明盡乃至無老死亦
無老死盡無苦集滅道無智亦無
得以無所得故菩提薩埵依般若

明末傅山《心經》書法。

波羅蜜多故心無罣礙無罣礙故無
有恐怖遠離顛倒夢想究竟涅槃
三世諸佛依般若波羅蜜多故得阿
耨多羅三藐三菩提故知般若波
羅蜜多是大神呪是大明呪是無
上呪是無等等呪能除一切苦真
實不虛故說般若波羅蜜多呪即
說呪曰
揭帝揭帝　波羅揭帝
波羅僧揭帝　菩提薩婆訶

庚寅春書奉景僕居士敬心持誦
濁衛人不夜山

般若波羅蜜多心經

觀自在菩薩行深般若波羅蜜多時照見五蘊皆空
度一切苦厄舍利子色不異空空不異色色即是空空
即是色受想行識亦復如是舍利子是諸法空相不
生不滅不垢不淨不增不減是故空中無色無受
想行識無眼耳鼻舌身意無色聲香味觸法
無眼界乃至無意識界無無明亦無無明盡乃至
無老死亦無老死盡無苦集滅道無智亦無得以

八大山人《心經》書法。

無所得故菩提薩埵依般若波羅蜜多故心無罣礙故無有恐怖遠離顛倒夢想究竟涅槃三世諸佛依般若波羅蜜多故得阿耨多羅三藐三菩提故知般若波羅蜜多是大神咒是大明咒是無上咒是無等等咒能除一切苦真實不虛故說般若波羅蜜多咒即說咒曰揭諦揭諦波羅僧揭諦菩提薩婆訶

乙酉夏五月既望

公之并書

般若波羅蜜多心經
觀自在菩薩行深般若
波羅蜜多時照見五蘊
皆空度一切苦厄舍利
子色不異空空不異色
色即是空空即是色受
想行識亦復如是舍利
子是諸法空相不生不
滅不垢不淨不增不減
是故空中無色無受想
行識無眼耳鼻舌身意
無色聲香味觸法無眼
界乃至無意識界無無
明亦無無明盡乃至無
老死亦無老死盡無苦
集滅道無智亦無得以
無所得故菩提薩埵依
般若波羅蜜多故心無
罣礙無罣礙故無有恐
怖遠離顛倒夢想究竟

清・康熙皇帝《心經》書法。

涅槃三世諸佛依般若
波羅蜜多故得阿耨多
羅三藐三菩提故知般
若波羅蜜多是大神咒
是大明咒是無上咒是
無等等咒能除一切苦
真實不虛故說般若波
羅蜜多咒即說咒曰
揭諦揭諦
波羅揭諦
波羅僧揭諦
菩提莎婆訶
般若波羅蜜多心經
康熙歲次壬午十月
初三日為
皇太后千秋節因閱河
隄塗中駐蹕景州薰
沐拜手敬書恭　進
遙祝
無疆之壽

般若波羅蜜多心經
沙門玄奘譯
觀自在菩薩行深般若波羅蜜
多時照見五蘊皆空度一切苦厄
舍利子色不異空空不異色色即是
空空即是色受想行識亦復如
是舍利子是諸法空相不生不滅
不垢不淨不增不減是故空中無色
無受想行識無眼耳鼻舌身
意無色聲香味觸法無眼界
乃至無意識界無無明亦無無
明盡乃至無老死亦無老死盡
無苦集滅道無智亦無得以無

乾隆年間內閣大學士劉墉《心經》書法。

所得故菩提薩埵依般若波
羅蜜多故心無罣礙無罣礙故
無有恐怖遠離顛倒夢想究竟涅
槃三世諸佛依般若波羅蜜多故
得阿耨多羅三藐三菩提故知般
若波羅蜜多是大神咒是大明咒
是無上咒是無等等咒能除一
切苦真實不虛故說般若波羅
蜜多咒即說咒曰揭諦揭諦般羅
揭諦般羅僧揭諦菩提娑婆訶
般若波羅蜜多心經

乾隆乙卯十月十七日敬書

晚聞尚書持誦　石菴識

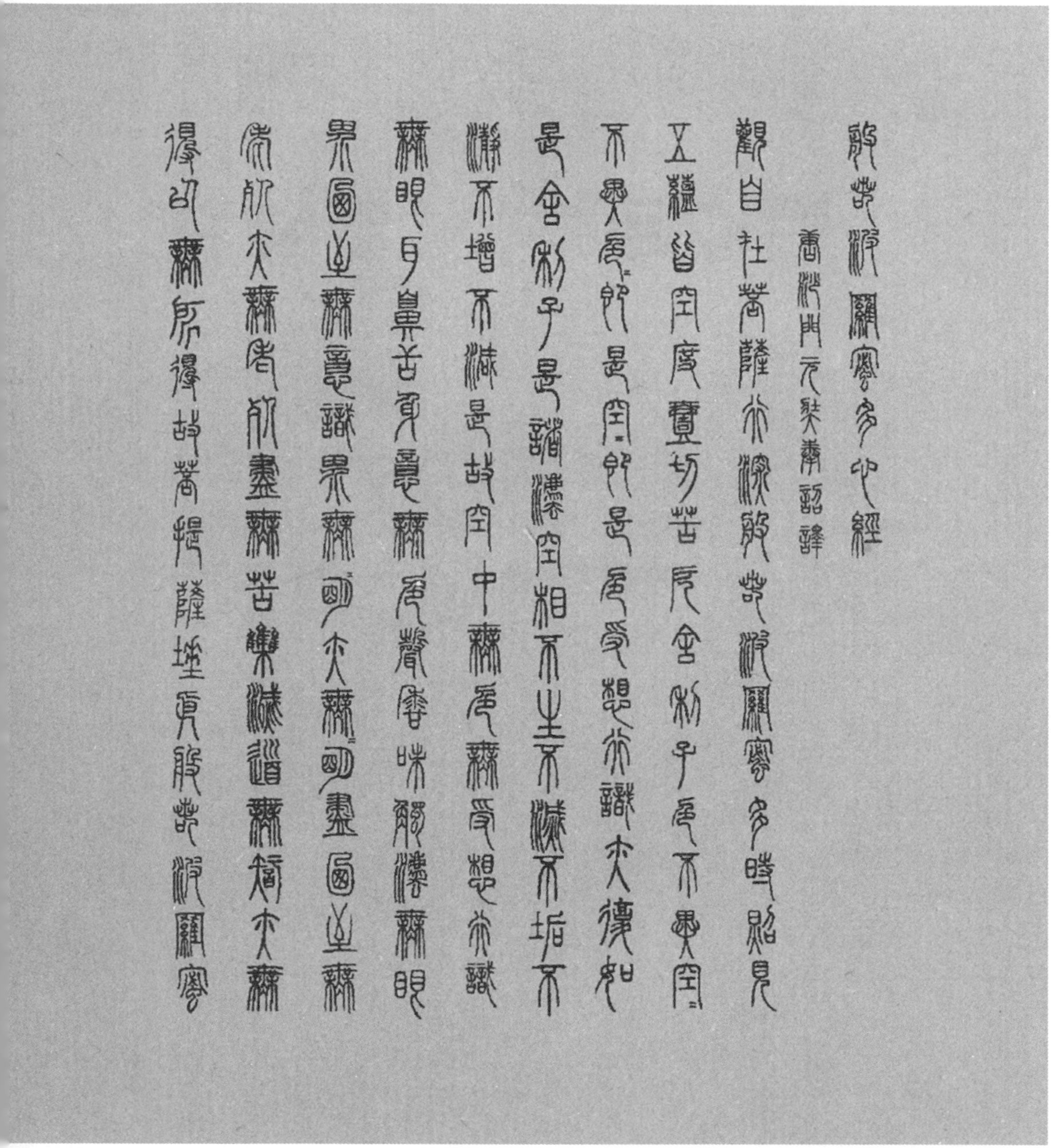

般若波羅蜜多心經
唐沙門玄奘奉詔譯
觀自在菩薩行深般若波羅蜜多時照見
五蘊皆空度一切苦厄舍利子色不異空空
不異色色即是空空即是色受想行識亦復如
是舍利子是諸法空相不生不滅不垢不
淨不增不減是故空中無色無受想行識
無眼耳鼻舌身意無色聲香味觸法無眼
界乃至無意識界無無明亦無無明盡乃至無
老死亦無老死盡無苦集滅道無智亦無
得以無所得故菩提薩埵依般若波羅蜜

清代書法家鄧石如《心經》書法。

多故心無罣礙無罣礙故無有恐怖遠離
顛倒夢想究竟涅槃三世諸佛依般若波
羅蜜多故得阿耨多羅三藐三菩提故知
般若波羅蜜多是大神咒是大明咒是無
上咒是無等等咒能除一切苦真實不虛故
說般若波羅蜜多咒即說咒曰揭諦揭諦
般羅揭諦般羅僧揭諦菩提薩婆訶
般若多心經

時歲在昭陽大淵獻元月
大淸國男子鄧石如薰沐敬書

般若波羅蜜多心經

唐三藏法師元奘奉詔譯

觀自在菩薩行深般若波羅蜜
多時照見五蘊皆空度一切苦
厄舍利子色不異空空不異色
色即是空空即是色受想行識
亦復如是舍利子是諸法空相
不生不滅不垢不淨不增不減
是故空中無色無受想行識無
眼耳鼻舌身意無色聲香味觸
法無眼界乃至無意識界無無
明亦無無明盡乃至無老死亦
無老死盡無苦集滅道無智亦

清代名臣林則徐《心經》書法。

無得以無所得故菩提薩埵依
般若波羅蜜多故心無罣礙無
罣礙故無有恐怖遠離顛倒夢
想究竟涅槃三世諸佛依般若
波羅蜜多故得阿耨多羅三藐
三菩提故知般若波羅蜜多是
大神咒是大明咒是無上咒是
無等等咒能除一切苦真實不
虛故說般若波羅蜜多咒即說
咒曰
揭諦揭諦　波羅揭諦　波羅
僧揭諦　菩提薩婆訶
般若波羅蜜多心經

晚清書畫家吳昌碩《心經》書法。

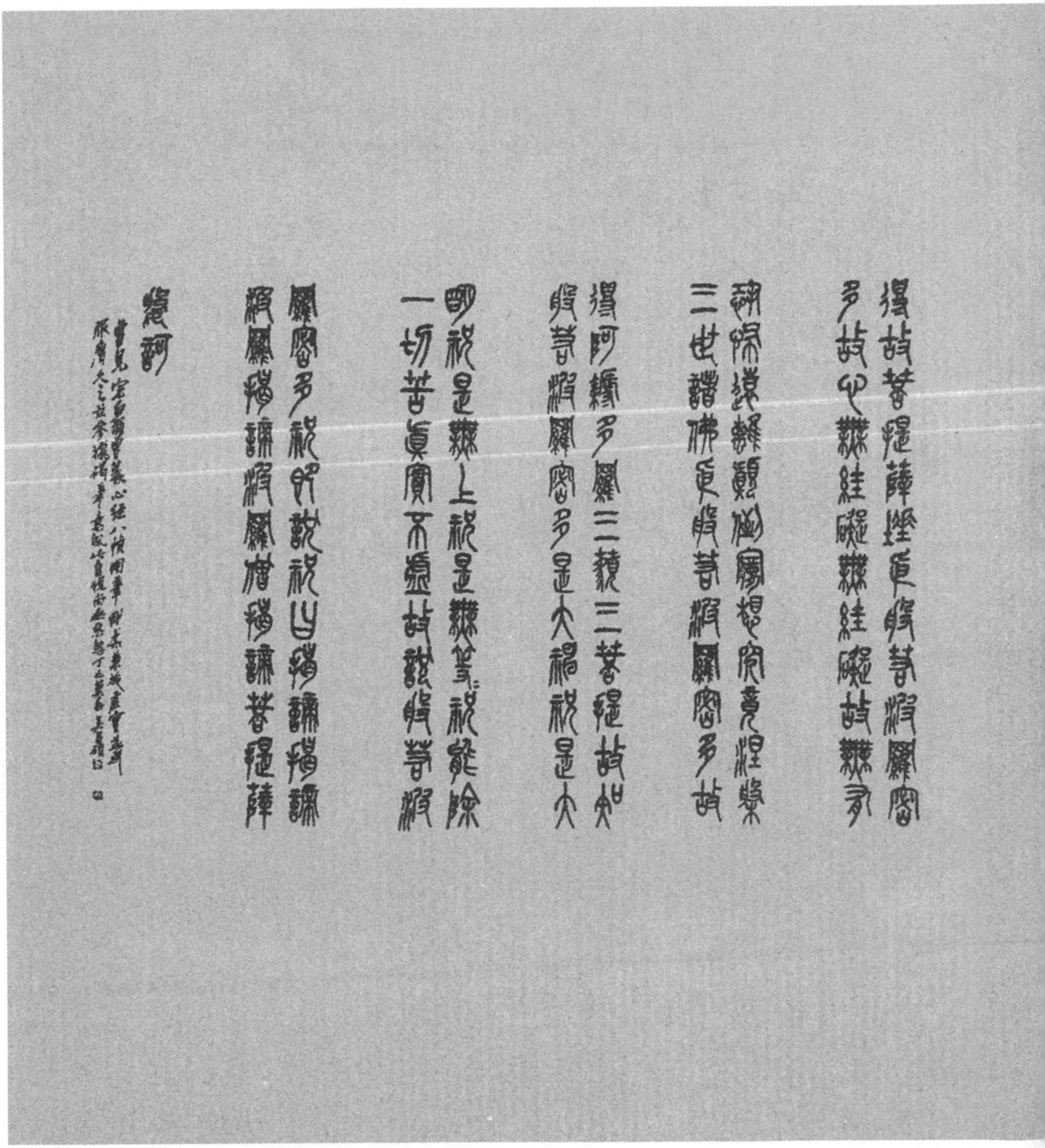

得故菩提薩埵依般若波羅蜜
多故心無罣礙無罣礙故無有
恐怖遠離顛倒夢想究竟涅槃
三世諸佛依般若波羅蜜多故
得阿耨多羅三藐三菩提故知
般若波羅蜜多是大神咒是大
明咒是無上咒是無等等咒能除
一切苦真實不虛故說般若波
羅蜜多咒即說咒曰揭諦揭諦
波羅揭諦波羅僧揭諦菩提薩
婆訶

般若波羅蜜多心經
觀自在菩薩行深般若波
羅蜜多時照見五蘊皆空
度一切苦厄舍利子色不
異空空不異色色即是空
空即是色受想行識亦復
如是舍利子是諸法空相
不生不滅不垢不淨不增
不減是故空中無色無受
想行識無眼耳鼻舌身意
無色聲香味觸法無眼界
乃至無意識界無無明亦
無無明盡乃至無老死亦
無老死盡無苦集滅道無

弘一大師《心經》書法。

智亦無得以無所得故菩提薩埵依般若波羅蜜多故心無罣礙無罣礙故無有恐怖遠離顛倒夢想究竟涅槃三世諸佛依般若波羅蜜多故得阿耨多羅三藐三菩提故知般若波羅蜜多是大神咒是大明咒是無上咒是無等等咒能除一切苦真實不虛故說般若波羅蜜多咒即說咒曰揭諦揭諦波羅揭諦波羅僧揭諦菩提薩婆訶

歲次癸酉賀平居士慈母謝世為寫心經一卷
冀業障消滅往生安養者寧林從沙門善悟書

從易經解心經 / 劉君祖著 . -- 初版 . -- 臺北市：
大塊文化，2019.11
面；　公分 . --（劉君祖易經世界；20）

ISBN　978-986-5406-17-2（平裝）

1. 易經　2. 般若部　3. 研究

121.17　　108015825

劉君祖易經世界20

從易經解心經

作　者：劉君祖
封面繪圖：李錦枝
封面設計：張士勇
責任編輯：李濰美
校　對：鄧美玲、劉君祖
法律顧問：董安丹律師、顧慕堯律師
出　版：大塊文化出版股份有限公司
地　址：台北市 10550 南京東路四段二十五號十一樓
網　址：www.locuspublishing.com
讀者服務專線：0800-006689
電　話：(02) 87123898　傳真：(02) 87123897
郵撥帳號：18955675　戶名：大塊文化出版股份有限公司
總經銷：大和書報圖書股份有限公司
地　址：新北市 24890 新莊區五工五路二號
電　話：(02) 89902588（代表號）　傳真：(02) 22901658
初版一刷：二〇一九年十一月
初版五刷：二〇二二年九月
定　價：新台幣三〇〇元
Printed in Taiwan